QUIERO
ser
LIBRE

Otros libros de Neroli Duffy
Quiero nacer:
el llanto del alma

Viaje a través del cáncer:
guía sobre la integración de las curaciones convencionales, com-
plementarias y espirituales

La mística práctica:
Lecciones derivadas de conversaciones con la Sra. Booth

con Marilyn Barrick
Quiero vivir:
cómo superar la seducción del suicidio

con Gene y Wanda Vosseler
Libertad del alma:
vida de un guerrero espiritual

QUIERO
ser
LIBRE

*un enfoque espiritual sobre
la adicción y la recuperación*

Neroli Duffy

DARJEELING PRESS
Emigrant (Montana, EE.UU.)

A Daniel, por ser el catalizador para comenzar.
A Jenny, por proporcionar los ánimos para terminar.

NOTA IMPORTANTE

Este libro tiene el propósito de ofrecer una comprensión espiritual y unos principios generales que pueden servir de ayuda a la hora de afrontar las adicciones. Sin embargo, de ninguna manera puede sustituir al asesoramiento profesional u otras formas de tratamiento de las adicciones.

Este libro está a la venta sin ofrecer garantías de ningún tipo, de forma expresa o implícita, y tanto el autor como el editor no asumen ninguna responsabilidad legal o de otro tipo por actos u omisiones realizadas como consecuencia del contenido del mismo. No es posible ofrecer ninguna garantía de que las prácticas descritas en este libro vayan a ser efectivas en algún caso en particular. Si estás afrontando alguna adicción o si estás intentando ayudar a alguien que se enfrenta a alguna adicción, por favor, busca la ayuda de un asesor profesional de adicciones o un centro para su tratamiento.

Índice

◀ Índice ▶

Índice de oraciones y mantras

Prefacio

Estoy convencida de que no puedes deshacerte de una adicción sin la ayuda de Dios. Debes comprender que la razón por la que te encuentras aquí es que contribuyas a la humanidad y dejes el mundo como un lugar mejor por haber vivido aquí. Tener una vida para tu propio engrandecimiento egoísta no es solo algo estúpido, sino que, al final, también es autodestructivo.

Lo he visto en mi propia vida. Hace muchos años yo tenía casa, piscina, automóvil y un estilo de vida lujoso, pero eso no me hacía feliz. Venía de Inglaterra, donde si tenías un abrigo de visón estabas en lo más alto. Yo tenía doce abrigos de visón, pero nunca tenía bastante.

No sabía qué era lo que me pasaba. No bebía demasiado. Pero me sentí completamente desorientada cuando ya nada funcionó en mi vida. Ya no podía manejarme. Cuando finalmente conseguí ayuda y comprendí que no estaba sola, lo entendí todo. Era alcohólica. Sufría una enfermedad llamada alcoholismo.

Asistí a mi primera reunión de Alcohólicos Anónimos (A.A.) con una vieja gabardina. Asistí a la segunda reunión en un frío mes de noviembre en el Reino Unido con gafas de sol un abrigo de visón. A veces me gusta pensar que me recuperé vestida de visón. Al final me quedé sin los abrigos. Un hombre que me ayudó a mudarme se los quedó como forma de pago. Más tarde me enteré de que regaló la mayoría de los abrigos ¡a prostitutas! Cuando me quejé de ello en A.A., me dijeron que lo olvidara. Y lo hice. En la ciudad de Houston, donde vivo ahora, de poco sirve tener un abrigo de visón.

Después de más de treinta años en el programa de recuperación, ya no digo que «soy alcohólica». No me gusta esa etiqueta. Como muchos otros miembros, digo: «Soy un miembro agradecido del grupo». Doy servicio cuando y donde tengo la oportunidad de hacerlo. Es una bendición tan grande. Voy a misiones en África. Presto servicio en el templo de Krishna. Ayudo a otros alcohólicos y adictos a que se recuperen. Sirvo en mi iglesia. Cualquier cosa que necesiten, lo hago.

A los demás adictos ahora les digo: «Tenéis una enfermedad que os matará si no hacéis algo al respecto. Abandonarla quizá sea lo más difícil que hagáis jamás. Pero el regalo que os supondrá recuperar la vida y sentiros cómodos con vosotros mismos —posiblemente por primera vez en la vida— es una perla de gran valor. Y para conservar esa perla, debéis entregaros continuamente mediante el servicio, y debéis hacerlo felizmente».

Conocí a Neroli Duffy en el verano de 2013. Estaba yo de visita en la sede central de The Summit Lighthouse, cuando un día conocí a una señora que se presentó como una de las ministras religiosas. Comenzamos a hablar como si fuéramos viejas amigas. Al hablar de sí misma, mencionó que había escrito varios libros. El libro sobre las adicciones estaba a medio terminar porque le hacía falta más información para terminarlo.

Éramos la respuesta necesaria la una para la otra. Neroli necesitaba la información que yo tenía y yo necesitaba compartir esa información con otras personas. Para entonces llevaba más de treinta años recuperándome, ejercía de Directora Espiritual en dos centros de tratamiento de adicciones del área de Houston y ayudaba y asesoraba a muchos pacientes en varias fases de recuperación. Eso se había convertido en mi vocación.

Durante los siguientes tres meses hablamos de las adicciones tanto cuanto pudimos. Entre nosotras, extrañamente, era como si hubiera magia, y me complace mucho ver que ahora el libro está terminado. Es un mensaje muy importante para un mundo en el que muchas personas afrontan este problema.

De alguna forma, todos nos vemos afectados por las adicciones. Las drogas y el alcohol son como un escudo que la gente usa para encubrir lo que acertadamente llaman el «vacío en el alma».

Y ello afecta no solo a quienes están buscando un escape, sino a todos aquellos que los aman. Por ello, el precio para la sociedad es inmenso.

Si en tu vida has llegado al punto en que el dolor, la desgracia y el sufrimiento por la adicción se ha vuelto insoportable, has recibido lo que algunos han llamado el regalo de la desesperación. Este libro te puede mostrar el camino hacia una vida más allá de tus sueños más improbables. Si te estás recuperando, este libro te puede proporcionar claves para que te fortalezcas en el sendero hacia la libertad.

En Alcohólicos Anónimos tenemos un dicho: «No existe ningún camino más fácil». Pero creo que las técnicas espirituales que se explican en este libro, aplicadas junto al programa de recuperación de A.A., ofrecen, en realidad, una forma más fácil y suave. Tengo la esperanza de que todos quienes se vean afectados por la enfermedad de la adicción encuentren este sencillo libro con su poderoso mensaje.

JENNY HUNTER

Reconocimientos

Muchos de los principios y técnicas espirituales que se exponen en este libro han sido extraídos de las conferencias y los escritos de Elizabeth Clare Prophet. Durante más de treinta años ella dio un conocimiento espiritual sobre las adicciones y el deseo del alma de ser libre, y gente de todo el mundo ha conseguido liberarse de sus adicciones al aplicar sus enseñanzas.

Agradezco a mi amiga Jenny Hunter su inestimable contribución y comentarios sobre el manuscrito de este libro y que compartiera generosamente su pericia y experiencia como asesora de adicciones.

También muchas gracias a Daniel por compartir su historia conmigo.

NEROLI DUFFY

Introducción

En el pasado practiqué la medicina y después he sido ministra religiosa y mediadora, por lo cual he visto de primera mano los devastadores efectos que producen las adicciones, tanto en los adictos como en quienes los rodean. Los adictos y sus asesores te hablarán, como me hablaron a mí, de la espantosa batalla que aquellos deben emprender cuando deciden remontarse para poder regresar de las puertas del infierno a las que sus adicciones les llevaron.

Hay cientos de libros a la venta que ofrecen distintas perspectivas sobre las adicciones, desde los programas de 12 Pasos a los enfoques basados en la psicología. Muchos de esos libros tienen mucho que ofrecer, pero la meta de este es la de ir más allá de tales perspectivas y explorar el componente espiritual en las adicciones, pues existe una ciencia de la espiritualidad que es superior y puede ayudar a vencer las adicciones, un poder que en la mayoría de las personas yace latente, porque no les han enseñado a acceder a él.

Durante algún tiempo he contemplado cómo podría escribir un libro sobre la superación de las adicciones utilizando claves y técnicas espirituales. No quería escribir un libro teórico, sino uno práctico y real. Por tanto, esperé, con la sensación de que Dios me daría claras señales sobre cómo debía ser el libro.

Cuando comencé a formular algunos de los conceptos para este libro, convergieron una serie de aparentes coincidencias: una amiga me habló de cómo una hermana suya se encontraba en una situación difícil debido al alcoholismo; un muchacho de quince años vino llorando tras intentar sacar a su hermano de trece de las drogas; un asesor compañero mío perdió a un hijo por las drogas y estaba preocupado por el resto de la familia; y, por último, la cuidadora de un hombre de sesenta y cinco años me habló de la adicción

1

de ese hombre a la pornografía y cómo no quiso buscar ayuda por vergüenza, hasta que un derrame cerebral le incapacitó para seguir transigiendo con su adicción.

Todas esas personas iban buscando un librito que leer y compartir con sus conocidos para sacarlos del abismo y traerlos de vuelta. Algunas de ellas se habían deshecho de alguna adicción y querían brindar a sus seres queridos las claves espirituales que ellas habían utilizado para superar su adicción. Nada de lo que encontraron en las librerías satisfizo su necesidad, quizá porque el libro que iban buscando aún no se había escrito.

Aunque durante algún tiempo sentí en mi corazón la presión de este libro que quería ser escrito, faltaba algo. Sabía algunas de las cosas que quería decir, pero no sabía cómo poner todos los elementos en conjunto. Y entonces, una mañana temprano viajé en avión de Atlanta a Salt Lake City. Ese día, cuando menos lo esperaba, Dios me señaló el camino.

La respuesta llegó a través de alguien cuyo camino se chocó, suave pero firmemente, con el mío, un breve encuentro entre dos extraños, que, sin embargo, duró lo suficiente para que tuviéramos un intercambio de pareceres, como hacen a veces los extraños. En ese corto vuelo, en mi mente surgió claramente el esbozo del libro.

Primera parte

Sobre las nubes

Un golpecito en el hombro

ue a los 10.000 metros de altura que conocí a Daniel,* el improbable compañero de viaje que me dio la clave exacta que necesitaba. Yo estaba regresando de Brasil tras dirigir un seminario-retiro de tres días para varios centenares de personas sobre *El camino del místico cristiano*. El programa había ido bien, yo había vuelto a conectarme con algunos amigos queridos y los asistentes habían compartido una profunda experiencia espiritual.

Acababa de llegar de un vuelo nocturno desde São Paulo y me sentía bastante cansada; un cansancio bueno. Me apetecía reflexionar. Al sentarme, me acurruqué con unos papeles de una conferencia sobre el regazo sabiendo que pronto, cuando despegara el avión, estaría lista para dormir. El vuelo de tres horas desde Atlanta me ofrecería una buena oportunidad para echar un sueño antes del último tramo del viaje, desde Salt Lake City a Bozeman (Montana), seguido de otra hora en automóvil desde el aeropuerto hasta mi casa, en Paradise Valley.

Estaba sentada al lado de la ventanilla y otro asiento me separaba del pasillo, y tenía la vaga esperanza de que nadie apareciera para sentarse a mi lado y así me pudiera estirar un poco. El avión se fue llenando y, entonces, un hombre alto y fornido, aproximadamente de mi edad, se deslizó sobre el asiento de al lado. Vestía ropa informal y tenía una apariencia agradable; un compañero de viaje en un vuelo temprano por la mañana. Él también parecía cansado y me dio la sensación de que no le apetecía hablar. A mí tampoco. Quizá, igual que yo, esperaba poder dormir un poco. Nos saludamos con la cabeza, intercambiamos amabilidades entre dientes y tratamos de ponernos lo más cómodos posible en esos asientos de avión, que

*Los nombres se han cambiado para proteger la privacidad de las personas.

generalmente hacen cada vez más pequeños con el paso del tiempo. Sus piernas se chocaron contra el asiento de enfrente, pero eso no impidió que conciliara el sueño casi inmediatamente. No recuerdo en qué momento del vuelo empezamos a hablar, pero sé que íbamos sobre las nubes. La azafata trajo café y algo que parecía el desayuno. El hombre sentado a mi lado pidió una almohada, pero le dijeron que ya no había. Sonreí comprensivamente y dije: «Debe usted estar cansado».

Él me devolvió la sonrisa y dijo que quería una almohada porque no había podido dormir mucho, tras haber pasado despierto la mayor parte de la noche anterior después de una clase preparatoria en Atlanta. Luego me miró y me preguntó qué estaba leyendo. Le dije que era una conferencia sobre espiritualidad de Elizabeth Clare Prophet. En realidad, el título era «Oposición», y trataba de cómo manejar la energía cuando las cosas no nos van bien en la vida. Le hablé en términos generales, pensando que un tema esotérico como ese prometía una conversación que mi fatigado compañero de viaje no querría soportar tan temprano en la mañana. Pero, si soy honesta, no me pareció que se tratara de alguien que se interesara mucho por la espiritualidad.

Inmediatamente, mi vecino me dijo: «Yo también soy una persona espiritual. Llevo siéndolo unos cuatro años, desde que recibí una lección de humildad y tuve que hincar las rodillas. Estaba en aprietos debido a una situación y sufrí una especie de conversión, y tuve que aprender a lidiar con la oposición. Dios me ayudó y ahora me siento libre».

Sentí un sobresalto al oírle decir «oposición», precisamente la palabra que evité al describir lo que estaba leyendo. Inmediatamente pensé: *No debería haber juzgado este libro por la cubierta.* Rápidamente me di cuenta de cómo los ángeles habían hecho las maniobras para que nos sentáramos juntos, empujándonos a que habláramos.

Supe que un ángel me estaba avisando con un golpecito en el hombro, así es que respiré profundamente y le dije con cautela: «Qué curioso, porque el título de la conferencia que estoy leyendo es "Oposición"».

También pensé en mi propia lucha contra el cáncer de pecho.

Eso también había sido para mí una lección de humildad que me hizo hincar las rodillas. Por eso añadí: «Una lección de humildad ciertamente nos hace cambiar».

Intercambiamos historias por unos minutos. Le conté mi experiencia con el cáncer de pecho. Entonces él me dijo que su experiencia espiritual se produjo cuando estaba atenazado por una adicción que le había acosado durante muchos años. Describió la lucha que tuvo para vencer lo que solo podía describir como «los demonios interiores».

Puesto que no mencionó enseguida qué tipo de adicción tenía, supe que debía ser algo muy personal. No era asunto mío; había aprendido a mirar a todas las adicciones de modo un poco impersonal. He descubierto que, aunque los nombres o tipos de adicción pueden ser distintos y, según la perspectiva como seres humanos, algunas adicciones pueden hacernos sentir más vergüenza que otras, desde una perspectiva espiritual todas ellas son variaciones del mismo tema.

Todas las adicciones conllevan unos deseos y compulsiones que se apoderan de nuestra vida y nos esclavizan.

Al principio, todas las adicciones prometen diversión y emoción, pero acaban conduciendo al alma hacia las profundidades de la desesperación y, con frecuencia, a la muerte, si no la del cuerpo, la del alma.

Si tienes suerte, encontrarás la fortaleza y la ayuda para salir de la trampa, pero muchas personas no lo logran.

Fuera lo que fuera lo que había acosado a mi compañero de viaje, me alegré de que hubiera encontrado una salida.

«¿Sigue teniendo que luchar todos los días con la adicción, aunque ya la haya superado?», le pregunté.

«Todos los días —me dijo—. Pero la pelea merece la pena. Ahora soy una persona distinta».

Y ese fue el principio de una conversación que duró el resto del vuelo. Ahora estaba bien despierta, mientras nos adentramos en una conversación sobre sus experiencias con la adicción. Cuando mucho más tarde por fin nos presentamos, eso ya no tenía mucha importancia.

Quizá el no conocer cómo nos llamábamos al principio contribuyó a un sentimiento de anonimato que hizo que un par de extraños se hablaran con tanta franqueza. Quizá él pudo ser tan honesto conmigo porque sabía que yo era una ministra religiosa y que había ejercido como médico, y que podía confiar en que mantendría la confidencialidad. Pero creo que había más motivos, ya que desde el principio él fue completamente sincero.

Me dijo que a los diez años de edad se hizo adicto a la pornografía. Su abuelo dirigía un hotel y también tenía un pequeño negocio vendiendo revistas y vídeos pornográficos. Daniel repartía las revistas y los vídeos, entregándolos a los clientes de su abuelo y tanto él como su hermano pequeño comenzaron a ojear la mercancía contenida en las bolsas de papel antes de su entrega. Fue entonces que se hicieron adictos.

Al final, la adicción se apoderó de la vida de Daniel. Todos los días se pasaba horas mirando pornografía en revistas, vídeos y en Internet. Llevaba años casado y tenía varios hijos, ya crecidos y en la veintena, pero su vida había degenerado hacia una serie de aventuras amorosas y un paralizante sentimiento de desesperación. Por desgracia, dos de sus hijos se enfrentaban a la misma adicción. Describió la vergüenza, la culpa y la desesperanza que acompañan a la adicción.

Daniel es un tipo valiente. Me hizo partícipe de su alma. Era un hombre de negocios y miembro de la Iglesia de los Santos de los Últimos Días. Sin embargo, durante años consiguió ocultar su adicción, incluso a los que más cerca estaban de él. Su esposa y familia no tenían la menor ida del problema que sufría hasta que, de algún modo, un día quedó expuesto y ya no pudo negarlo más.

Daniel afrontó el problema de una forma extraordinaria. Fue totalmente honesto con toda su familia, desde sus abuelos hasta su esposa e hijos, y les habló de su lucha. Su esposa le apoyó, aunque él dijo que no la habría culpado si se hubiera marchado. Se sometió a un asesoramiento profesional. Pero, de mucha más importancia, tal como él me dijo, consiguió ayuda espiritual mediante la oración. Creía que la oración fue lo que lo salvó.

Entonces me habló de un poema que había escrito sobre su experiencia. Se lo había enseñado a unos pocos amigos, a su familia y a uno o dos extraños aquí y allá, y dijo que tenía la esperanza de publicarlo algún día. Me preguntó si quería leerlo. «Seguro», le dije yo.

Daniel asió el maletín que estaba en el compartimiento de arriba y extrajo una fotocopia de un papel escrito a mano. Este es el poema de Daniel, tal como lo leí, sobre las nubes.

Al mirar atrás

Al mirar atrás, veo
una bestia fea que era parte de mí.
Fue mi amigo muchos años.
Me consoló cuando sentí miedo.
Me ayudó en los malos tiempos.
Un amigo más íntimo no lo encontrarás.

Pues yo era él y él, yo;
nuestra cercanía jamás pudo ser mayor.
No sabía y pensaba que él estuviera ahí,
pero iba conmigo a todas partes.
Me decía qué pensar y qué hacer:
«¡Compra esto!, ¡ve allá!» Es parte de ti,
es lo que necesitas para sentir
amor y consuelo; necesitas hacerlo.

Pero pronto me cansé de sus exigencias.
Quería más, me hacía perder los días.
Le había dado poder hacía mucho,
cuando lo consideraba amigo y no enemigo.
Pero ahora veía su feo rostro:
yo era su esclavo, competía en su carrera.

¿Cómo pudo ser mi mejor amigo,
y luego traicionarme días y más días?
«Lo dejaré, nunca más»,
esto exclamé: «Por favor, ponle fin a esto».
Pero una y otra vez,
su parte que era mía volvía siempre a ganar.

Si crees conocer su nombre,
es posible que hayas sentido este dolor.

Y algunos, amigo, creen que es ficción,
pero él es real, se llama adicción.

Ahora, al mirar atrás, está bien claro
que la adicción es la bestia en mí.
Siempre está presente, se ha establecido
en mi alma y en mi rostro.

Ahora que lo veo y sé que está aquí,
lo trato con otro cuidado.
Su poder aún es grande, aunque muy pequeño
cuando llamo a Aquel que nos creó a todos.
El Creador nos conoce a él y a mí.
Y con Su poder puedo ser libre.

Por tanto, si la adicción forma parte de ti
y quieres que se termine, deshacerte de ella,
si quieres terminar con el dolor y la lucha,
acude a la Fuente que te dio la vida.

Acude a Él con la rodilla hincada
y busca Su poder con humildad.
Acude a Él, mañana y noche;
sin Él no puedes ganar esta pelea.
Dile que necesitas Su fuerza y Su poder
para vencer el momento débil.

Si tu corazón quiere, se arrepiente y es honesto,
este poder Suyo te lo dará.
Y entonces tendrás el poder interior
para empezar una nueva vida
y volver a vivir.

Las garras de la bestia

Me emocionó mucho leer el poema de Daniel. Lo volví a leer, asimilando las palabras. Daniel no nombraba la adicción con la que luchaba, pero ello no tenía importancia puesto que su poema describía la esencia de todas las adicciones. Cualquier adicción —ya se trate de los juegos de azar, el alcohol, la nicotina, las drogas de cualquier tipo, el sexo o cualquiera de los centenares de adicciones que se han identificado— es simplemente la mayor distracción que nos aleja de tener una vida de verdad y de nuestra relación con Dios.

Daniel sabía que la gente puede ser adicta a muchas cosas: la comida, el azúcar, los ataques de ira, etcétera. Habiéndolo vivido, me dijo que reconocía los signos de la adicción en muchas personas que conocía y que eran adictas a muchas cosas, pero ni siquiera lo sabían. Tenían miedo o sentían vergüenza de admitirlo, incluso consigo mismos.

Su poema describe exacta y elocuentemente lo que significaba encontrarse en las garras de una adicción. Yo había visto este patrón en pacientes a los que conocí cuando ejercí la medicina y, después, en personas con las que trabajé como ministra religiosa. Lo había visto en la vida de personas que estaban atrapadas por hábitos (legales o ilegales) de los cuales era difícil deshacerse.

Incluso lo vislumbré cuandoquiera que luché por superar algún hábito que me saboteaba la vida de alguna forma. Pero más que eso, Daniel representó gráficamente su lucha con las fuerzas no físicas que existen detrás de esos problemas, unas fuerzas que solo pude comenzar a entender a través de la obra de mi instructora y mentora espiritual, Elizabeth Clare Prophet.

No podía sino admirar a Daniel en su descripción de cómo había luchado contra esas fuerzas. Tenía valor y humildad de verdad y, sí, una profunda espiritualidad. Cuando se lo dije, él me contó una historia increíble.

Daniel había estado ayunando y rezando después de que su adicción saliera a la luz. Una mañana, mientras luchaba y forcejeaba para superarla, tuvo una experiencia aterradora. Estaba tumbado en la cama, al lado de su esposa, cuando sintió que algo le agarraba la nuca; una apretón firme y helado, tangible y escalofriante, pero no de este mundo. Y entonces oyó el sonido más horroroso: un gemido gutural como un gruñido que pareció salir de los abismos del propio infierno. Lo llenó de terror y lo asustó tanto que casi se volvió loco. Sintió las profundidades de la oscuridad reunirse a su alrededor. Y aunque no conocía el nombre de ese ser —¿se trataba del propio Satanás?— sabía que no tenía ninguna posibilidad contra aquello, fuera lo que fuera.

Se puso de rodillas al lado de la cama y rezó de veras, pidiéndole a Jesús que le liberara de la «bestia» que lo tenía atenazado. Al instante, la mano se retiró. Una calma presencia fluyó a través de él, y se sintió en paz.

Miré a Daniel a los ojos y supe que lo que estaba describiendo no era una alucinación ni una ilusión. Él no era dado a las experiencias excepcionales; con todo, eso era algo muy real. Él lo sabía y yo también.

Hablamos de ángeles, fuerzas de luz y oscuridad y lo que pudiera haber sido esa presencia malévola. Le recordé que Jesús había hablado de fuerzas oscuras que no podemos ver físicamente. Les había dicho a los apóstoles que algunas no salen sino «con oración y ayuno». Curiosamente, Daniel había estado ayunando y rezando cuando le quitaron esa «cosa».

Pude describirle lo que yo sabía de estas fuerzas de la oscuridad, cómo actuaban y funcionaban en la vida de la gente para producir adicciones. Y él lo entendió.

Una historia que debe ser contada

L e dije a Daniel que su historia debía ser contada. Él me dijo que quería, pero no sabía cómo empezar. «¿Cómo comenzó el poema?», le pregunté. «Escribí dos líneas a medio poema. "Ahora, al mirar atrás, está bien claro / que la adicción es la bestia en mí". Y desde ahí seguí».

Le expliqué que puede pasar lo mismo al escribir un libro. Se puede empezar en cualquier parte, y luego va saliendo. Quizá primero se escribe el final, el principio o la parte del medio. Hay que empezar con lo que Dios nos da e ir avanzando desde ahí.

Pregunté a Daniel si podía incluir el poema anónimamente en un libro que estaba escribiendo sobre la superación de las adicciones, y él dijo: «Claro que sí». También le dije que debía escribir un libro y contar su historia a su manera. Sabía expresarse y tenía corazón de poeta.

Daniel había librado una increíble lucha, había afrontado la peor parte de sí mismo superándola, había descrito el proceso a una extraña con detalle, sin embargo, no se avergonzaba ante Dios ni ante el hombre. Hasta estaba dispuesto a que yo utilizara su nombre al contar la historia; en el pequeño pueblo donde vivía, todos lo sabían de todos modos. Pero le aconsejé que lo pensara bien y que rezara para saber si debía hacerlo, pues una decisión así podía tener efectos sobre su familia y su negocio, al igual que sobre él mismo.

Escuchar la historia de Daniel fue algo muy profundo. Le conté lo que sabía de las fuerzas de la oscuridad que son la causa del «agarre» de las adicciones; y del poder de la oración y del poder superior que es más grande que cualquier adicción. También hablé de cómo llamar a los ángeles y de otras claves espirituales que le podían ayudar en su lucha continua. Daniel me dijo que lo que le conté servía de mucho. Eso me alegró, y le dije que él también me había ayudado. Creo que Dios hizo que nos conociéramos de forma que nos pudiéramos ayudar mutuamente. Yo podía explicar lo que él necesitaba escuchar y él era el comunicador que me ayudó a expresar lo que llevaba en el corazón, lo que tenía que contar a otras personas. Nuestra reunión de tres horas fue el catalizador de este libro.

Ante de despedirnos, Daniel y yo reflexionamos sobre cuántas personas de las que iban en nuestro mismo avión serían adictas a algunas sustancias o a otras cosas. «¿Qué habría pasado —dije yo— si después de despegar el capitán hubiera preguntado por radio: "¿Cuántos de nosotros a bordo estamos sujetos a alguna adicción y quisiéramos poder deshacernos de ella?". Si supiéramos con seguridad que ninguno de nosotros nos volveremos a encontrar, me pregunto cuántas personas habrían alzado la mano». Tuvimos la sospecha de que habrían sido bastantes.

Se ha dicho que todos somos adictos a algo. Las adicciones tienen muchas formas: las drogas de todo tipo, el alcohol, la nicotina, los juegos de azar, la comida, el sexo, la pornografía e incluso la ira y otros estados emocionales fuera de control.

Es impactante pensar cuántos de nosotros hablamos de libertad y de que somos libres, pero qué pocos somos libres en el verdadero sentido de la palabra. Creo que lo que voy a contar a continuación puede ser beneficioso para todos. En los siguientes capítulos, algunas veces me referiré específicamente al alcohol o las drogas, pero los mismos principios generales se pueden aplicar a cualquier adicción.

Tanto si tenemos una adicción manifiesta como un hábito negativo que parece que no podemos superar, todos podemos aprender de estos principios y aplicarlos en nuestra vida. Aunque no tengamos problemas con el alcohol o la cocaína, la mayoría de nosotros tenemos algún ámbito en la vida sobre el que no tenemos total control, algo que hacemos que a veces sabotea nuestras esperanzas y aspiraciones más elevadas. Esto forma parte de la condición humana.

El proceso de curación comienza con el primer paso.

Segunda parte

Reconocer la adicción

El primer paso

La historia que me contó Daniel sobre su recuperación no es inusual. Describió un punto de inflexión esencial en el que la luz entró en su ser y desplazó a la oscuridad. Pero eso no produjo una curación instantánea. Él aún tuvo que luchar todos los días para tomar las decisiones correctas que producirían la curación.

Pero incluso ese punto de inflexión no fue el principio del proceso. La recuperación comenzó cuando Daniel se dio cuenta de que tenía un problema y lo admitió para sí mismo. Admitir el problema fue el principio de la solución.

Los asesores de adicciones te dirán que la mayoría de los adictos se niegan a aceptar que lo son. Daniel dijo que conocía a gente que tiene problemas con alguna adicción y que o bien no lo sabe o bien no lo admite.

Una gran parte de las adicciones está oculta. Mucha gente adicta al alcohol es capaz de controlarse en público. Estos alcohólicos que pretenden no serlo son abiertos y amables en las fiestas. Luego se marchan a casa, cierran las cortinas y beben hasta perder el sentido.

Por tanto, ¿cómo puedes reconocer un problema de adicción, en ti mismo o en otra persona?

Una necesidad compulsiva

Siempre hay pistas que emergen cuando las adicciones comienzan a ejercer el control. Cuando la compulsión crece, empieza a verse con claridad que algo está asumiendo el control sobre la vida de la persona.

Las adicciones asumen muchas formas. Las drogas, el alcohol y el tabaco producen adicciones químicas. Los juegos de azar, la comida, el sexo, la pornografía, los videojuegos, el ejercicio, las compras, las autolesiones (cortes) y los desórdenes alimenticios producen reconocidas adicciones del comportamiento.

Cada persona y cada adicción es única, pero hay signos comunes que emergen. Con las adicciones químicas pueden aparecer algunos o todos ellos; las adicciones en el comportamiento pueden ofrecer menos signos manifiestos.

- Actividad: quedarse en casa todo el tiempo o quedarse fuera a todas horas.
- Sueño: insomnio, dormir poco o demasiado.
- Niveles de energía: baja energía o hiperactividad, hablar poco o muchísimo.
- Síntomas fisiológicos: deseos exacerbados, aumento o disminución del apetito, diarrea o estreñimiento, temblores, alucinaciones, sudores, tos.
- Apariencia: descuidada, cambios en la piel, apariencia diferente, cansancio, apatía, apariencia demacrada o angustiada.
- Pero: pérdida extrema de peso, ropa suelta para encubrirlo
- Asociaciones: cambio de grupo de amistades.
- Intereses: abandonar los pasatiempos o las actividades favoritas.

- Comportamiento: secretismo, esconder cosas, robar, comportamiento errático, tomar dinero prestado.
- Personalidad: hace amenazas, poco fiable, no es la misma persona, falta de concentración, depresión, sentimiento de vacío, frustración, amargura o rencor.
- Psicología: obsesiones o paranoia.
- Emociones: más inestable o colérico, emotividad o mal humor, irascibilidad o depresión.
- Problemas en la escuela o el trabajo.

Un signo claro de que existe una adicción es cuando la sustancia o el comportamiento comienza a interferir gravemente con la vida de la persona. Con frecuencia las adicciones provocan problemas en las relaciones, rupturas con socios o violencia doméstica. También conducen habitualmente hacia problemas económicos, no solo como resultado del gasto para alimentar el hábito, sino por la incapacidad de retener el empleo por llegar tarde, marcharse demasiado temprano, faltar días enteros al trabajo o un mal rendimiento por falta de concentración.

Quienes sufren de alguna adicción con frecuencia asumen grandes riesgos para alimentarla, como visitar zonas peligrosas para comprar drogas, tomar dinero «prestado» de un empleador, robar u ofrecer sexo por dinero o drogas. Bajo los efectos, el adicto también puede involucrarse en otras actividades peligrosas, como el sexo desprotegido o la conducción temeraria. Las personas anoréxicas o bulímicas pueden dejarse morir de hambre.

Muchos adictos y alcohólicos también son adictos a la adrenalina. Buscan las emociones intensas y su adicción principal produce otras formas de adicción, como la pornografía y la adicción sexual.

La definición clínica de adicción explica que esta existe cuando una persona asume un comportamiento compulsivo a pesar de sus consecuencias adversas. La familia y los amigos del adicto con frecuencia se desesperan al ver cómo este elige su adicción por encima de todas las cosas buenas de la vida. «¿No se da cuenta de lo que está haciendo? ¿Por qué toma tan mal las decisiones?». Esto se debe en parte a que el cerebro del adicto funciona de una manera distinta a la del cerebro sano.

El desarrollo del cerebro y la adicción

Los investigadores están comprendiendo ahora que el adicto es distinto física y mentalmente a las demás personas. En el adicto, la forma en que el cerebro funciona no es igual a cómo funciona en la persona normal y corriente. De hecho, se cree que las conexiones del cerebro del adicto pueden ser diferentes incluso antes de que la persona se vuelva adicta.

A veces esto se debe a un trauma sufrido a edad temprana, como la violencia o el abuso emocional o sexual en el hogar o debido a la confusión causada por el hecho de que uno de los padres fuera un adicto. En otras personas puede no existir ninguna causa evidente. Pero haya diferencias anteriores o no, la propia adicción provoca cambios en el funcionamiento del cerebro.

Tales cambios en las funciones cerebrales son especialmente pronunciados cuando la persona comenzó a consumir drogas o alcohol durante la adolescencia, un período en que las estructuras cerebrales y la personalidad están en pleno desarrollo. Este es un motivo por el que las compañías de tabaco dirigen la publicidad a adolescentes y preadolescentes. El noventa por ciento de las personas adictas a la nicotina comenzó a fumar antes de los 18 años de edad y el 98% lo hizo antes de los 26; por tanto, si consigues

Si comenzaste a beber mucho alcohol o a consumir drogas a la edad de 12 años (y hay gente que empieza mucho antes), es probable que tu desarrollo emocional se detenga en ese punto. Por tanto, al tratar de dejarlo, probablemente descubrirás que tu reacción emocional ante situaciones difíciles será como la de una persona de 12 años.

no fumar durante la adolescencia, es improbable que lo hagas más tarde.

La adicción también afecta al desarrollo de la personalidad. Por ejemplo, si comenzaste a beber mucho alcohol o a consumir drogas a la edad de 12 años (y hay gente que empieza mucho antes), es probable que tu desarrollo emocional se detenga en ese punto. Por tanto, al tratar de dejarlo, probablemente descubrirás que tu reacción emocional ante situaciones difíciles será como la de una persona de 12 años.

Si la adicción empezó durante la adolescencia, se descubrirá que la reacción ante las situaciones difíciles será exagerada, con rimbombancia, echándole la culpa a todo el mundo por los problemas propios y viéndose a sí mismo como una víctima. Probablemente tal persona no será capaz de hacerse responsable de lo que le está sucediendo, porque no será emocionalmente madura. Si intenta dejarlo, puede que las emociones rebeldes que comenzaron con la pubertad surjan de nuevo. Si la persona intentó escapar de estas cosas durante la adolescencia con medios químicos, deberá resolverlas ahora.

Aunque las conexiones del cerebro son distintas, lo bueno es que la última investigación neurocientífica muestra que el cerebro se adapta mucho mejor de lo que creían los científicos. Puede que cuanta mayor sea la edad, más difícil resulte, pero es muy posible volver a restablecer las conexiones del cerebro como ayuda para superar los modelos de comportamiento en las adicciones y para compensar los elementos que faltan en el desarrollo emocional.

El sendero hacia la adicción

Muchos adictos y alcohólicos aseguran que la primera vez que probaron la sustancia adictiva, todas sus inseguridades desaparecieron, como si se hubieran resuelto todos sus problemas. Esto es un fenómeno bien conocido.

Cuando uno empieza por el camino de la adicción, muchas veces se deleita al sentir que puede hacer mejor las cosas; o eso cree. Hay confianza donde había inseguridad, amigos donde no los había. Puedes hablar bien cuando antes se te trababa la lengua, puedes contar chistes y entretener a la gente cuando antes eras callado, y parece que te diviertes más, aunque no te acuerdes de todo.

Llegado un punto, cruzas la raya. Lo que solía ser una vía de escape ya no es divertido. Ahora has de tener esa sustancia incluso para poder vivir el día a día. Luego comienzas a volverte taimado. Empiezas a encubrir tus huellas, tratando de ocultar a los demás lo que hacías, y quizá ni siquiera te lo admitas a ti mismo.

Si pudieras ver tu aura, tu campo energético espiritual, en esta fase, observarías que, en vez de tener luz a tu alrededor, esa aura se ha vuelto más bien oscura. Incluso si los demás no saben de tu adicción y no pueden ver tu aura, pueden percibir que algo no anda bien y se empiezan a preocupar.

El encubrir tu comportamiento con frecuencia forma parte del modelo característico de la adicción, pues una vez que consumes la sustancia y la introduces en tu cuerpo, algo cambia en tu interior. El tiempo que tarda en hacerlo varía, pero al final es muy habitual que emerja otra personalidad. Tus hijos y tu familia se verán afectados por tu comportamiento, lo cual agrega sentimientos de desmerecimiento. Podrás sentir una desmoralización incomprensible.

Puede que hasta tengas que afrontar el hecho de que has hecho algo horrendo mientras estabas tan «fuera de ti», algo que normalmente no harías si estuvieras en tus cabales. Pero ya no lo estás, y no lo has estado desde hace bastante tiempo.

Algo se ha apoderado de ti. La «bestia» de la adicción comienza a emerger y lo mismo hace el yo irreal o enemigo interior: en términos esotéricos, el morador del umbral. El yo irreal parece tener la sartén por el mango. Puede que te sientas como si no pudieras parar, aunque quisieras; o que podrías parar un rato, pero la ansiedad y los ataques de pánico vuelven a aparecer con fuerza. Te encuentras en una montaña rusa y no estás seguro de cómo terminará todo.

Para escapar del dolor, te retiras más del mundo y te adentras en el aparente alivio que ofrece la adicción. Pero el escape es algo fugaz y todo lo que ves en el espejo es el dolor interior. Puede que ya no puedas mirarte más en el espejo.

Hacia el final de esta espiral descendente, con frecuencia se produce un deseo de hallar una liberación permanente del dolor. El suicidio comienza a parecer como una buena salida. Algunas personas jamás llevan a cabo esos pensamientos, pero muchas sí lo hacen: una de cada tres personas que cometen suicidio lo hacen bajo los efectos de las drogas o el alcohol. Muchas más piensan en el suicidio o desean poder, de algún modo, poner fin instantáneamente a todo el dolor.

Todo esto porque cuanta más sustancia hay en tu cuerpo, más te implicas en un comportamiento destructivo, desconectándote cada vez más de tu Yo Real y de quien eres verdaderamente.

Algunas personas llegan hasta el final, hasta llegar a lo más bajo, antes de reunir la voluntad para revertir esa espiral descendente. Algunas, trágicamente, jamás cambian su vida. Pero muchas sí lo hacen. El poder siempre está ahí, dentro de ti, para volverte a conectar con tu Yo Real y cambiar el curso de tu vida. Pero tienes que reivindicarlo.

Hechos sobre la adicción

El Informe Mundial sobre las Drogas de 2012 indica que 230 millones de personas de todo el mundo (1 de cada 20 entre la población adulta) consumió drogas ilegales el año anterior. El informe también muestra que el número de consumidores de drogas ilegales con graves problemas, principalmente los dependientes de heroína y cocaína, eran unos 27 millones, aproximadamente el 0,6% de la población adulta. Eso supone 1 de cada 200 personas en todo el mundo.

El tabaco y el alcohol también ejercen un enorme impacto sobre personas de todo el mundo. Aunque el consumo de drogas ilícitas estaba vinculado a 250.000 muertes en 2004, el alcohol fue responsable de la pérdida de aproximadamente 2,25 millones de vidas a nivel global durante ese mismo período, mientras que el consumo de tabaco produjo 5,1 millones de muertes añadidas.

El problema es mucho peor en los Estados Unidos. El Sondeo Nacional sobre el Consumo de Drogas y la Salud de 2015 estimó que el 8,1% de la población de más de 12 años de edad necesitó tratamiento contra el abuso de sustancias durante el año anterior.

El coste es enorme, no solo para las personas cuyas vidas quedan destrozadas o perdidas, sino también para las familias y comunidades. En realidad, la adicción en una enfermedad familiar, porque todos los miembros de la familia se ven afectados.

He aquí algunos hechos sobre la adicción:

- El Centro Nacional sobre la Adicción y el Abuso de Sustancias de la Universidad de Columbia encontró que más del 80% de las personas internadas en instituciones penales juveniles se encontraba ahí, directa o indirectamente, debido a la enfermedad de la adicción.

• La sobredosis es la primera causa de muerte en los delincuentes puestos en libertad. La cocaína es la droga relacionada más común.

• Dos terceras partes de las drogas ilegales se consumen en los Estados Unidos.

• Entre 1995 y 2005, la admisión para el tratamiento contra la dependencia de los calmantes recetados aumentó más de un 300%.

• Más del 29% de los adolescentes en tratamiento son dependientes de algún medicamento recetado, incluyendo tranquilizantes, sedantes u opiáceos.

• Más de la mitad de la población adulta en los Estados Unidos tiene un pariente cercano que ha tenido problemas de alcoholismo.

• En los Estados Unidos, aproximadamente 1 de cada 4 personas menores de 18 años está expuesta al abuso de alcohol o a su dependencia en la familia.

• El abuso de drogas por parte de los padres con frecuencia produce hogares caóticos, llenos de tensión y abusos contra los hijos, así como su descuido. Tales condiciones dañan el bienestar y el desarrollo de los niños en el hogar y a menudo dan pie al abuso de drogas en la siguiente generación.

• Los niños que tienen uno o ambos padres adictos están expuestos a un riesgo mucho mayor de sufrir una enfermedad mental o problemas emocionales, como la depresión o la ansiedad. Estos niños también corren un mayor riesgo de sufrir problemas físicos de salud y discapacidades en el aprendizaje, como dificultades en las capacidades cognitivas y verbales, el razonamiento conceptual y el pensamiento abstracto.

• Los hijos de adictos o alcohólicos tienen el triple de probabilidades de recibir abusos verbales, físicos o sexuales y el cuádruple de ser desatendidos.

• Los adultos que abusan de las drogas a menudo tienen problemas para pensar con lucidez, recordar y prestar atención. Con frecuencia desarrollan malos comportamientos sociales como resultado del consumo de drogas y su rendimiento en el trabajo y las relaciones personales sufren.

- Solo en los Estados Unidos, se atribuyen más de 100.000 muertes cada año al consumo de alcohol y drogas.

- Una de cada 4 muertes en los Estados Unidos puede atribuirse al alcohol, el tabaco o el consumo ilícito de drogas.

- Entre los alcohólicos y personas con problemas con la bebida hay 4,5 millones de adolescentes.

- Los adolescentes se ven implicados desproporcionalmente en accidentes automovilísticos causados por el alcohol, que es la causa principal de muertes entre estadounidenses de 15 a 24 años de edad.

- Más del 75% de las víctimas de violencia doméstica reportan que quien las atacó había bebido o consumido drogas ilícitas en el momento del incidente.

- Los adolescentes que consumen drogas con frecuencia se comportan mal, obtienen malos resultados académicos y abandonan la escuela. Sufren el riesgo de embarazos no planeados, violencia y enfermedades infecciosas.

- Se calcula que entre el 3% y el 4% de la población de los Estados Unidos tiene problemas con los juegos de azar.

- Varios estudios han establecido la tasa de consumo de pornografía entre el 50% y el 99% entre los hombres y entre el 30% y el 86% entre las mujeres.

- El sondeo del Instituto Kinsey observó que el 9% de quienes miran pornografía dijeron que habían intentado dejarlo sin éxito.

- La tasa de hombre jóvenes que dicen tener problemas sexuales ha aumentado dramáticamente en los años desde que la Internet de alta velocidad ha posibilitado el fácil acceso a la pornografía gráfica. Hace treinta años, menos del 1% de los hombres jóvenes decían tener tales problemas. Ahora la tasa es de un 35%.

- Muchos hombres buscan ayuda con respecto a su adicción a la pornografía solo después de enterarse de que, como resultado, ya no pueden responder sexualmente ante mujeres de carne y hueso.

Afrontar el problema

Por desgracia, la adicción no es una experiencia poco común. Parece que mucha gente en el mundo vive con alguna adicción y huye del yo. Muchas personas sienten temor y no saben cómo amarse a sí mismas ni cómo ser amables y bondadosas hacia su cuerpo, mente, emociones o espíritu.

Si no reconoces ningún problema, será difícil que lo puedas resolver. El primer paso para vencer cualquier adicción es demostrar cierto grado de honestidad.

Quizá tú no elegirías el camino tan inmediato que tomó Daniel en el que fue salvajemente honesto con todo el mundo que tenía en su vida, sin esconder nada. Pero la mayoría de los programas para adictos exigen que nos miremos honestamente a nosotros mismos y declaremos los hechos ante los demás:

> *Cualquier apariencia de normalidad desapareció hace tiempo. Crees que tal cómo vives es la única forma en que puedes vivir ahora: sueños destrozados, vidas destrozadas, esclavitudes de todo tipo. El grado de ansiedad es enorme. Los ataques de pánico abundan. ¿A quién culparé por la horrible vida que tengo?*
>
> —JENNY

Admitir que tenemos un problema.

Admitir que ni queremos ser así ni ello representa a quien somos en realidad.

Admitir que necesitamos ayuda.

Muchas personas nunca pasan de aquí. Se dicen a sí mismas que disfrutan de lo que hacen, que no hay mal en hacerlo, que tienen control sobre su vida, que podrían dejarlo en cualquier momento. Afrontar la verdad exige valor y humildad.

¿Ahora qué?

S i estás en las garras de una adicción, si lo está un miembro de tu familia, un amigo o un compañero de trabajo, recuerda que el primer paso consiste en afrontar el problema.

El siguiente paso es saber que existe una salida. Saber que lo que dice la Biblia es cierto: que no hay nada que sea difícil para el Señor. El Señor ayudó a Daniel a vencer su adicción, y también puede ayudarte a ti o a algún ser querido tuyo. Pero ello exigirá mucho trabajo: la libertad siempre tiene un precio.

Debes estar dispuesto a trabajar.

Debes estar dispuesto a cambiar.

Debes estar dispuesto a ser humilde.

Debes saber que hay un poder superior del que beneficiarse.

Debes vaciarte y estar dispuesto a que Su espíritu te llene.

Debes estar dispuesto a recibir ayuda. Recuerda que nadie es una isla que se baste a sí misma.

Con el depósito vacío

En la adicción, el profundo sentimiento de vacío es algo común. Falta algo, lo más importante: el sentimiento de alegría y plenitud en la vida. En otro nivel, puede ser que quienes están sujetos a alguna adicción en realidad estén buscando amor. En un nivel espiritual, están buscando el amor de Dios, que en sí mismo puede llenar todas las necesidades, curar todas las heridas. Sin saber cómo hallar esas cosas, intentan llenar el enorme vacío con drogas, alcohol u otras intensas sensaciones temporales.

La adicción es un problema de muchos niveles. Existe un componente físico innegable que tiene que ver con la química y las conexiones del cerebro. Hay patrones mentales y emocionales que necesitan curarse. También existe un componente espiritual. La perspectiva más eficaz para hallar la libertad de las adicciones funciona en todos esos niveles, incluso el espiritual.

Mi amiga Jenny Hunter, asesora sobre la adicción que lleva recuperándose más de 30 años, explica: «Se trata de tu alma, y las lecciones del alma nunca son fáciles. ¿Qué estás dispuesta a hacer para vivir en este mundo en paz contigo misma?».

Carl Jung escribió a Bill Wilson, cofundador de Alcohólicos Anónimos (A.A.), sobre un alcohólico al que estaba tratando:

> *¿Quién dirige mi vida cuando voy con el depósito vacío? Tengo la cuenta bancaria en números rojos y una deuda que me supera. Solo tengo confusión sin fin. Oh cómo odio vivir así. Estoy descontrolado, pero esta noche tan solo necesito un trago más para consolar mis nervios fragmentados.*
>
> —REFRÁN DE UN ADICTO

Su compulsión por el alcohol era equivalente en un nivel bajo a la sed espiritual que nuestro ser tiene de plenitud; expresado en lenguaje medieval: la unión con Dios...

La única manera correcta y legítima de tener que vivir una experiencia así es que te suceda en realidad y solo puede sucederte cuando recorres un sendero que te conduce a una comprensión superior...

«Alcohol» en latín es *espíritus*, la misma palabra que se usa para describir la experiencia espiritual más elevada, así como el veneno más depravado.

En A.A. te enseñan a admitir que tú no tienes la capacidad y que debes invocar un Poder Superior. Esto supone un buen primer paso. Pero yo añadiría que también debes saber que *eres* un ser espiritual y que Dios *en ti* es más grande que la culpa, la vergüenza, el miedo, las dudas, la depresión, la desesperanza y todo lo demás que va incluido en el conjunto llamado «adicción». Todo eso debe desaparecer.

Hay muchos libros excelentes sobre los grados físicos, mentales y emocionales en la superación de la adicción. Yo me concentro en el poder superior de tu interior que te puede ayudar a superar la adicción, sea cual sea. Puedes aprovechar ese poder superior y dejar que vuelva a crear una «criatura nueva en Dios». Creo que este libro te enseñará a encontrar ese poder superior por ti mismo. Y si tienes el valor de hacerlo, tú también podrás ser libre.

Como asesora espiritual, he visto los grandes beneficios de la perspectiva espiritual para ayudar a la gente a superar las adicciones. De hecho, muchas personas de A.A. dicen que se vieron libres del alcoholismo solo cuando su vida espiritual estuvo en orden. Consideran a A.A. como una receta para tratar la enfermedad del alcoholismo, pero, en última instancia, el remedio es el sendero espiritual. A.A. y programas parecidos de 12 Pasos son una entrada a ese sendero.

La adicción de cualquier clase es un infierno que nosotros mismos hemos creado y los adictos con frecuencia son bien conscientes de los demonios que les atormentan en su interior. Los principios espirituales dan sentido a lo que tiene lugar en el cuerpo, la mente y el alma del adicto y unas técnicas espirituales aparentemente sencillas pueden ofrecer un afianzamiento muy necesario y profundos resultados.

Así pues, toma el juego de herramientas espirituales que encontrarás aquí y ponte manos a la obra. Con fortuna, podrías hallar a alguien como Jenny que lo ha vivido y que te puede guiar de la mano en este sendero de libertad espiritual.

Y si te encuentras solo —«uno solo» con Dios—, deja que los ángeles caminen a tu lado y te lleven por el «valle de la sombra de la muerte», hasta llegar al Origen.

Tercera parte

La dimensión espiritual

Eres un ser espiritual

Y ahora posees el poder interior para
comenzar una nueva vida y vivir de nuevo.

Comencemos por el principio con una de las cosas que Daniel me dijo, porque ahí se encuentra una de las claves más importantes para superar la adicción. «Soy una persona espiritual», dijo. Sabía que eso era cierto porque había sentido el poder del Espíritu en su vida. Proseguimos a hablar del poder interior, el Yo Superior y el papel que este juega a la hora de superar las adicciones.

Cuando Daniel dijo que era una persona espiritual, tenía razón; y lo mismo ocurre con todo el mundo. Para Daniel, la diferencia era que él había entrado en contacto con ese poder, mientras que otras personas aún no han encontrado la forma de hacerlo.

Jenny Hunter dice a sus clientes: «¡Despierta! Tu alma está buscando una resolución y la iluminación. Dios no te ha creado para que vivas de esta forma. Nada de lo que Dios creó es chatarra. Te darás cuenta de que si estás dispuesto a esforzarte, la adicción que tienes, sea cual sea, es solo un toque de atención, el ímpetu para regresar a lo divino».

La clave para vencer es saber quién eres y quién no eres: tanto lo que estás manifestando ahora mismo como tu realidad espiritual interior. Parte de lo que ves podrá no gustarte. Como Daniel se describió a sí mismo:

Al mirar atrás, veo
una bestia fea que era parte de mí.

Antes de echar un vistazo a la bestia que se volvió parte de

Daniel, miremos a quién es en realidad cada uno de nosotros, una lección de anatomía espiritual, por así decirlo.

Daniel, tú, yo —todos nosotros— somos poderosos seres espirituales que vestimos un cuerpo físico. A veces nos olvidamos de esto y, tristemente, mucha gente ni siquiera es consciente de esta verdad eterna.

En los niveles internos, tú eres un magnífico ser espiritual. Posees un Yo Superior, que ahora mismo se encuentra por encima de ti. Los ángeles ven a tu Yo Superior y conocen la realidad de su existencia. Y tú también puedes hacerlo.

El conocimiento de que tienes un Yo Superior y un yo inferior, y saber cuándo actúa cada uno de ellos, es algo esencial para comprender las adicciones. Cuando perdemos la conexión con nuestro Yo Superior, nos podemos sentir vacíos por dentro. Muchos adictos te dirán que beben y consumen drogas para llenar lo que parece ser un agujero en su propia alma. La desconexión con el Yo Superior es la causa primordial de ese sentimiento.

Veamos un diagrama que te representa a ti como ser espiritual.

La Gráfica de tu Yo Divino

Tu Yo Superior

La Gráfica de tu Yo Divino ilustra la conexión que existe entre tú, como alma en evolución en la Tierra, y tu Yo Superior, que está representado en la Gráfica como la figura superior.

Tu Yo Superior es un gran sol de luz. Es en realidad la gran fuente espiritual que te sustenta la vida, incluso el latido de tu corazón. Cada día la luz de tu Yo Superior desciende a tu corazón a través del cordón cristalino, conectando a tu Yo Superior con tu alma, representada en la figura inferior de la Gráfica.

Tu Yo Superior es eterno.

Tu Yo Superior tiene una visión panorámica de las cosas.

Tu Yo Superior quiere que seas libre.

Tu Yo Superior sabe que te esperan cosas mejores, con frecuencia estas están a la vuelta de la esquina.

El poder de la luz que contiene tu Yo Superior es suficientemente grande para superar cualquier adicción, curar cualquier carga que tenga el alma. Por desgracia, la mayoría de las personas no saben cómo entrar en contacto conscientemente con esa luz, por lo que se pierden el activo espiritual más grande que tienen.

Tu alma

Tu alma está representada en la figura inferior de la Gráfica. Pero hay mucho más de lo que se puede ver a simple vista. Sabes que tienes un cuerpo físico a través del cual puedes vivir el día a día en la Tierra. Además de tu cuerpo físico, tienes otros tres cuerpos.

Tienes un cuerpo etérico, o de la memoria, donde está registrado todo tu pasado (de esta vida y de todas las anteriores).

Tienes un cuerpo mental a través del cual puedes pensar, estudiar y aprender. Tu cerebro es parte del cuerpo físico y permite acceder a las funciones del cuerpo mental.

Y tienes un cuerpo emocional o astral a través del cual puedes tener sentimientos.

Estos tres cuerpos sutiles, junto con el físico, componen lo que llamamos los «cuatro cuerpos inferiores». Estos cuerpos son fundas de conciencia que penetran unas en otras y que te permiten experimentar el mundo y cumplir tu destino.

La figura media de la Gráfica es otro aspecto de tu Yo Superior. Es la presencia individualizada del Cristo Universal, el mediador entre el Bien absoluto de la figura superior y alma en evolución en el mundo del bien y el mal relativos.

La figura media con frecuencia se denomina Ser Crístico, al cual conocemos mejor como la voz de la conciencia. La figura superior también es conocida como la Presencia YO SOY, la parte individual del gran «YO SOY» que es Dios.

Emociones: energía en movimiento

C omo veremos con más detalle más adelante, la adicción está conectada íntimamente con el flujo de energía dentro de los cuatro cuerpos inferiores y dentro de los centros de energía del cuerpo. Con frecuencia se expresa con emociones fuertes.

Puedes pensar en la emoción como simple energía en movimiento. La gente atrapada en la adicción muchas veces es bien consciente del flujo de la energía emocional en su mundo. Adictos y alcohólicos con frecuencia son extremadamente sensibles, con emociones más fuertes que las de la mayoría de personas, pero aparentemente sin la capacidad de controlarlas.

Un joven alcohólico de carácter fuerte dijo: «¡Puedo provocar una pelea incluso donde no hay nadie!». El *Libro Azul* de A.A. dice: «Si íbamos a vivir, teníamos que liberarnos de la ira». Pero, ¿cómo conseguirlo?

Muchas personas que sufren de ataques de ira no saben cómo expresar o liberar sus emociones de una manera adecuada. La ira aparece de formas muy destructivas para el adicto y quienes lo rodean. Hay personas que no saben reconocer la ira que llevan dentro. Pueden llorar mucho, regodearse en la lástima hacia sí mismas o dar otros espectáculos emocionales. Sus asesores te dirán que han dirigido la ira que tienen hacia el interior. Podrá incluso producirse una depresión o pasividad superficial que enmascare el flujo de ira que corre por debajo.

La incapacidad de manejar las emociones con frecuencia empieza en la niñez, en un entorno donde los propios padres lucharon contra alguna adicción y fueron incapaces de manejar sus propias emociones. Todo puede comenzar con la supresión de emociones en un intento de mantener una sensación de control y, por consiguiente, de seguridad, en un entorno de caos o donde se ha producido alguna pérdida. Irónicamente esto muchas veces conduce a la gente por un camino en el que acaba exteriorizando el mismo caos en su vida.

Jenny recuerda cómo se crio en un hogar donde el amor nunca se expresaba y cualquier expresión de emociones o afecto no se toleraba. Aun cuando era una niña pequeña, si algo iba mal simplemente le decían: «Vete a tu dormitorio». «No se hablaban las cosas —dice Jenny—. Siempre tocaba ese castigo. Nunca se me permitía llorar. Por eso me iba a mi dormitorio a echar humo. Pero toda esa energía tenía que salir por alguna parte, y fue más adelante cuando salió como ira y abuso del alcohol».

Para poder dominar nuestras emociones hemos de darnos permiso para ser vulnerables y percibir nuestros sentimientos, en vez de tratar de suprimirlos o deshacernos de ellos. Eso significa que debemos estar dispuestos a sentir tristeza, dolor e ira y al estarlo, se abre la puerta para que sintamos amor, alegría y paz.

> *Como adictos, hay un monstruo que nos acompaña, y su nombre es ira. El sentimiento predominante para cualquier adicto es la cólera, que produce una mente tóxica y un hígado tóxico. La ira dice: «Soy la reina y tú me obedecerás». Esos «reyes» y «reinas» del interior son muy peligrosos y, como con todos los narcisistas, no existe nada más que ellos y sus necesidades.*
> —JENNY

Si no aprendimos a hacer eso en la niñez, si no tuvimos a nadie que nos sirviera de modelo para aprender cómo hacerlo o si no tuvimos un entorno que lo permitiera, es posible que necesitemos aprender esta habilidad como adultos. Ello requiere esfuerzo, pero podremos aprender a dominar nuestra mente y nuestras emociones, y a través de ello, nuestros siete centros de energía.

Tus siete centros de energía

En tus cuatro cuerpos inferiores hay siete centros de energía primordiales llamados «chakras». Un chakra es una estación emisora y receptora de energía espiritual. Tus chakras también regulan el flujo de la energía de Dios hacia las varias partes de tu cuerpo. Si queremos comprender la adicción y en qué consiste, debemos comprender el flujo de la energía en nuestro cuerpo y nuestros chakras.

Los siete chakras principales se encuentran ubicados a lo largo de la columna vertebral, desde la base hasta la coronilla. Cada uno de los siete centros de energía posee su propio color, energía y vibración, así como ciertas cualidades particulares. Cada chakra es como una flor: tiene cierto número de pétalos, el cual aumenta de manera exponencial desde el chakra de la base de la columna, que tiene cuatro pétalos, hasta la parte superior de la cabeza, el chakra de la coronilla, que en Oriente a veces se denomina loto de mil pétalos.

Como estaciones emisoras o receptoras, nuestros chakras son centros dinámicos de energía que absorben, emiten y almacenan constantemente luz espiritual, cambiando constantemente y no estando jamás estáticos.

Podemos utilizar los chakras correctamente o podemos abusar de ellos. Su cuidado y uso correctos conduce a tener una mayor vitalidad en el cuerpo físico y en los tres cuerpos sutiles. Cuando utilizamos la energía de nuestros chakras correctamente, tenemos más fuerza en nuestro cuerpo físico, una mayor paz y un sentimiento de calma en nuestro cuerpo emocional, una mayor tranquilidad y claridad en nuestro cuerpo mental, y una mayor energía espiritual y sintonía con los reinos de luz en nuestro cuerpo etérico.

A partir de la base de la columna, los siete centros son como se indica a continuación:

Base de la columna

El chakra de la base de la columna es blanco y tiene cuatro pétalos. Es el centro de la pureza, la esperanza, la alegría y la autodisciplina. Este chakra es el punto más bajo al que la luz blanca de nuestra fuerza energética desciende en nuestro cuerpo. Debemos elevar la luz de este chakra a lo largo de los demás para nutrirlos. De hecho, el chakra de la base de la columna es básico para la salud del cuerpo, porque la salud y vitalidad de este chakra afecta a todos los demás.

Ahí sentimos el poder de la creación y la capacidad de procrear. La energía sexual es sagrada —energía sagrada en movimiento— y está depositada en el chakra de la base de la columna, una portentosa fuente de luz. Cuando abusamos de este chakra a través de las actividades sexuales improcedentes o las adicciones sexuales, perdemos mucha luz.

Muchas personas involucradas en adicciones tienden a abusar de este chakra, ya sea mediante favores sexuales con el fin de obtener las sustancias que desean o simplemente perdiendo la inhibición que tales sustancias producen en la mente y el cuerpo, permitiéndoles formar alianzas que jamás considerarían si estuvieran en sus cabales. Bajo el efecto de las drogas y el alcohol, los adictos con frecuencia regalan la luz que precisamente necesitan para curarse.

Chakra de la coronilla

Chakra del tercer ojo

Chakra de la garganta

Chakra del corazón

Chakra del plexo solar

Chakra de la sede del alma

Chakra de la base de la columna

Sede del alma

El color del chakra de la sede del alma es violeta y tiene seis pétalos. Es el centro de la libertad, la misericordia, el perdón, la justicia y la alquimia. Se denomina chakra de la sede del alma porque ahí es donde nuestra alma está afianzada a nuestro cuerpo. Este punto también es el sitio donde tenemos las «sensaciones» o la intuición. Cuando presentimos peligro o sentimos que debemos marcharnos, ir a cierto lugar o realizar una acción determinada, con frecuencia sentimos esa «directriz del alma» en el chakra de la sede del alma.

Muchas personas que se encuentran en las garras de alguna adicción han ignorado la directriz de su alma o intuición durante bastante tiempo. Realmente han silenciado la voz del alma en el chakra de la sede del alma. Parte del proceso de recuperación de la adicción consiste en aprender a escuchar la voz del alma y la del Yo Superior, y después aprender a ser fieles a esa «vocecita queda» del interior.

Plexo solar

El chakra del plexo solar es de color morado y oro, moteado de rubí, y tiene diez pétalos. Es el centro de la paz, la hermandad y el servicio. Este centro espiritual nos ayuda a lograr el equilibrio en nuestra vida. Situado justo por encima del ombligo, el plexo solar es el punto en el que sentimos las emociones, tantos las buenas como las malas. Cuando estamos molestos, enojados o nerviosos, normalmente lo sentimos en el estómago.

Todas las emociones descontroladas asociadas con la adicción, como la ira, la cólera y la depresión, se sienten en la zona del plexo solar. Alcohólicos Anónimos explica el proceso por el cual «las emociones acumuladas durante años rompen su confinamiento y, milagrosamente se desvanecen tan pronto como están expuestas». Cuando somos capaces de limpiar los patrones emocionales negativos y conseguimos cierto grado de paz y aceptación en nuestras emociones a través del chakra del plexo solar, nos encaminamos hacia la superación de la adicción. Entonces este chakra se puede convertir en aquello que está destinado a ser: un lugar de paz.

Corazón

El chakra del corazón es el centro espiritual más importante que tenemos. Es de color rosa y tiene doce pétalos. Es el chakra del amor, la compasión y la belleza, el lugar donde la chispa de lo divino reside en nosotros. Todos los caminos nos conducen al corazón y a su desarrollo para producir un amor más grande en nuestro mundo. Si examinamos la adicción, casi siempre encontramos una ausencia de verdadero amor y respeto hacia los demás y hacia uno mismo. El verdadero amor es altruista y se interesa por los demás. Debido a la naturaleza de la bestia de la adicción, los adictos están absortos en sí mismos y se despreocupan por el bienestar de los demás, y se preocupan mucho menos por el suyo propio.

Aprender a amar de nuevo es importante para encontrar una verdadera curación de la adicción y con frecuencia es necesario trascender las emociones negativas del plexo solar con el fin de hallar el amor puro del corazón. Una vez Jenny me describió que ella era capaz de hacerlo escribiéndole una carta a cada persona que había en su vida para expresar sus sentimientos hacia ellas. En estas cartas también decía que ya no quería seguir albergando la ira y la condenación que había absorbido de ellas y que les devolvía esa energía. Luego quemaba las cartas. Entre Jenny y una de esas personas existía un sentimiento mutuo de desagrado muy intenso y Jenny observó con interés cómo esa carta no prendía y le costó trabajo que lo hiciera.

Esa acción simbólica la ayudó a liberarse de parte de la energía emocional negativa que llevaba dentro. Luego descubrió que era capaz de tomar la decisión de amar a esas personas a pesar del pasado. Jenny habla así de su relación con ellas actualmente: «Dejo que sean ellas mismas. Me comporto amable y bondadosamente con ellas independientemente de lo que me digan o hagan. Somos completamente distintas, pero el amor es la esencia curativa. El amor es el arma secreta».

Si nos concentramos en el amor verdadero y altruista —incluyendo el amor hacia nuestra alma— podremos conseguir una gran fortaleza desde nuestro interior y apoyo desde el exterior para superar nuestras adicciones. Esa clase de amor exige valor, especialmente si es algo que no hemos sentido anteriormente. Jenny me dijo: «Es muy atemorizante amar y ser yo misma».

Garganta

El chakra de la garganta es el centro de poder de nuestro cuerpo. Es de color azul con dieciséis pétalos. Representa el poder, la voluntad, la fe, la protección y el valor.

Este chakra se encuentra inmediatamente por encima del corazón y está íntimamente vinculado con el chakra que hay inmediatamente por debajo del corazón, el plexo solar. Las sustancias como el alcohol, los medicamentos y las drogas de todo tipo se toman por el chakra de la garganta para encubrir las emociones intensas. El fumar tabaco y el consumo de marihuana y otras drogas también conlleva el uso de la garganta y, por consiguiente, se produce un abuso de ese chakra. Las emociones negativas del plexo solar se expresan con frecuencia a través del chakra de la garganta.

El chakra de la garganta gobierna el poder del habla y la Palabra hablada, que nos da el poder de crear, preservar y destruir. Nuestra voz y nuestras palabras pueden ejercer una influencia sobre la gente para bien o para mal. Al hablar a los demás, podemos bendecirlos o maldecirlos, elevarlos o empequeñecerlos. Todos debemos cuidar nuestras palabras y lo que decimos. Es mejor callar que pronunciar palabras hirientes.

El centro de la garganta, como todos los chakras, necesita ser purificado cuando nos recuperamos de alguna adicción. Podemos hacer que este poderoso centro espiritual nos ayude a superar la adicción de muchas formas, particularmente con la oración hablada. También podemos utilizar el chakra de la garganta para afirmar lo bueno en nosotros mismos y en otras personas con palabras amables, expresando aprecio o con un comentario positivo.

Tercer ojo

El hermoso chakra del tercer ojo de color verde esmeralda tiene noventa y seis pétalos y se encuentra ubicado en el centro de la frente. Es el foco de la curación, la verdad, la visión, la abundancia y la constancia dentro de nosotros. Cuando visualizamos algo o imaginamos algo que pudiera ser, estamos viéndolo a través del chakra del tercer ojo. Ahí es donde nos concentramos. Cuando estamos enfocados en un problema o miramos fijamente a alguien o a algo, muchas veces fruncimos el entrecejo. A través de este chakra debemos ver la creación de Dios, incluyéndonos a nosotros mismos, tal como él la ve: pura y perfecta. A través del poder de la visión en este chakra podemos manifestar aquello que vemos.

Muchos adictos han dañado el chakra del tercer ojo, que debe sanarse. Con desgarros y rasgaduras en sus vestiduras espirituales, el velo que normalmente separa el mundo físico del invisible se hace más delgado, pero en vez de ver escenas celestiales procedentes del plano etérico solo ven el plano astral y presencian muchas cosas terribles y horrorosas.

El daño producido en el tercer ojo con frecuencia lo provocan las drogas, especialmente las alucinógenas, aunque también puede ser el resultado de otros factores, como los abusos emocionales, los desequilibrios bioquímicos o las circunstancias kármicas.

Muchos adictos y alcohólicos tienen que dormir con la luz encendida por temor a lo que puedan ver en la oscuridad. Cuando se abstienen, muchas veces ven cosas aterradoras que otras personas no pueden ver. Lo que ven no tiene una realidad objetiva, pero ven cosas que *sí* existen en los niveles inferiores del plano astral, que son las cosas que dan origen al concepto de infierno que encontramos en muchas de las religiones del mundo. Afortunadamente hay técnicas espirituales para curar y sellar el tercer ojo.

Un muchacho de dieciséis años me dijo que veía tantas cosas desagradables con el tercer ojo que la vida le resultaba muy difícil. Tenía problemas para dormir y había cosas que él sencillamente no quería ver y que interferían con sus actividades durante el día. Le animé a que rezara para que se volviera a sellar su tercer ojo, y su oración recibió respuesta. Este muchacho se siente grandemente aliviado porque ya no ve las oscuras imágenes del plano astral.

Parte de la capacidad para recuperarse de la adicción requiere el uso del tercer ojo con la verdadera visión divina. Debemos ser capaces de imaginar la posibilidad de la recuperación, vernos a nosotros mismos sanos y libres de la adicción. Si somos capaces de mantener una imagen en nuestro tercer ojo que nos muestre a nosotros mismos o a seres queridos sanos y saludables, libres de la adicción, podemos atraer el estado de plenitud. Podemos manifestar y podemos llegar a ser aquello que podemos ver.

Coronilla

El chakra de la coronilla amarillo y dorado tiene 972 pétalos y está colocado en la parte superior de la cabeza. En el arte tanto de Oriente como de Occidente, las emanaciones luminosas de este chakra se representan simbólicamente como el halo de los santos. Este chakra es el centro de la iluminación, la sabiduría, el conocimiento de uno mismo y el entendimiento. También está relacionado con la mente y los pensamientos.

La mente posee un gran poder. Algunos dicen que la enfermedad de la adicción en realidad es una obsesión de la mente. Se podría decir que los adictos sufren trastornos en el pensamiento, desde una locura frenética hasta un sentimiento de inutilidad, desprecio y lástima hacia uno mismo. Los hay que incluso dicen que todos los adictos son adictos al proceso mental del sufrimiento.

Hay varias drogas que afectan directamente al chakra de la coronilla. Por ejemplo, del mismo modo en que el alquitrán y otros componentes del tabaco se depositan en los pulmones, también existe una película astral de tabaco que se extiende sobre el chakra de la coronilla de los fumadores. Esto disminuye el flujo de energía espiritual hacia el fumador, especialmente la luz de tinte amarillo necesaria para la iluminación y el logro espiritual.

La total curación de estos efectos negativos necesita una limpieza de residuos en el cerebro físico así como un limpieza y curación de la mente, el cuerpo mental y los cuerpos sutiles, lo cual se puede acelerar con una dieta purificadora y ayuno en combinación con el uso de la llama violeta (de lo cual hablaremos en la sexta parte).

Cuando el cerebro y el chakra de la coronilla estén limpios, podremos utilizar la sabiduría de la coronilla y de la propia mente superior para que nos ayude a superar los patrones negativos de la adicción en el cuerpo mental.

Una espiral descendente

D e todo lo que hablé con Daniel, una de las cosas más útiles que le comenté fue en qué consisten las adicciones cuando se las mira desde el reino espiritual. Un elemento común a todas las adicciones es que implican una necesidad compulsiva. Creo que tal compulsión se puede explicar con la mayor facilidad en términos del flujo de energía dentro de los centros espirituales y el aura.

El centro de la base de la columna está destinado a ser el origen de la fuente de luz espiritual disponible para regar los demás chakras. Si se puede elevar la energía todos los días desde la base hasta la coronilla, al fluir por la columna vertebral esta estará disponible para expresarse a través de todos los chakras de muchas formas, como las percepciones profundas, la intuición, el entendimiento, la visión espiritual clara y la capacidad de dominar las dificultades de la vida.

Cada día desciende una cantidad asignada de energía desde nuestro Yo Superior, a través del cordón cristalino, hacia nuestros centros espirituales. Eso significa que tenemos una cantidad limitada de energía para que la usemos cada día. Cuando la utilizamos toda, ya no hay más y hemos de esperar al siguiente incremento del día siguiente.

Cualquier forma de adicción hará que perdamos luz en los centros espirituales. La energía o luz dentro de nosotros es verdaderamente la energía que alimenta la adicción, la cual no tiene ningún poder sobre nosotros excepto el que le demos mediante el abuso de la luz de los chakras.

En el caso de la adicción a la pornografía de Daniel, la pérdida de luz sería más notable en el chakra del tercer ojo, a través de la atención y la visualización y en el chakra de la base de la columna, el centro asociado a los abusos de la energía sexual. Otras adicciones pueden dar como resultado una pérdida de energía en otros centros espirituales. Por ejemplo, el fumar se centra en el chakra de la garganta y afecta al cerebro físico, así como a los chakras asociados a él, la coronilla y el tercer ojo.

El alcohol también implica la ingestión por la boca y el centro de la garganta. Una vez que el alcohol entra en el cuerpo, puede tener efectos en muchos de los demás chakras. La sustancia física del alcohol afecta directamente al cerebro, bloqueando las funciones superiores relacionadas con el tercer ojo y la coronilla. Las energías emocionales del plexo solar, cuando la mente superior no las controla, con frecuencia son mal utilizadas mediante la ira o la manipulación a los demás. El chakra de la garganta puede ser utilizado mal al decir palabras llenas de ira o mentiras. Los abusos del alcohol a largo plazo dañan el hígado (órgano asociado con el plexo solar) y aumenta en gran medida el riesgo de cáncer de garganta.

Cada día desciende una cantidad asignada de energía desde nuestro Yo Superior, a través del cordón cristalino, hacia nuestros centros espirituales. Eso significa que tenemos una cantidad limitada de energía para que la usemos cada día. Cuando la utilizamos toda, ya no hay más y hemos de esperar al siguiente incremento del día siguiente.

El consumo de otras drogas a menudo afecta a más de un centro espiritual. El chakra de la garganta se puede utilizar mal cuando la droga se ingiere o se inhala. Las drogas que producen efectos alucinógenos afectan particularmente al chakra del tercer ojo, forzado al chakra a que se abra para ver más allá del físico y, posiblemente, provocando rasgaduras en el delicado material del chakra y el aura. El chakra de la coronilla se nubla y se refuerza así el mal juicio.

Casi todas las adicciones están relacionadas con el abuso del chakra del plexo solar mediante la falta de control emocional. Sustancias como la cocaína crack producen un efecto tan intenso que parece que den como resultado una emisión de luz desde todos los chakras al mismo tiempo.

47

Esta pérdida de luz y de flujo de energía que se produce es lo que genera la alteración de conciencia u otras actividades adictivas. De muchas formas, es como una experiencia espiritual sintética. La diferencia está en que en una experiencia espiritual verdadera, lo que sentimos es un flujo de energía desde nuestro Yo Superior entrando en nuestros cuatro cuerpos inferiores, produciéndose una recarga y una ganancia de luz. En el caso de los hábitos dañinos, el flujo es hacia fuera y se produce una pérdida.

Después de la emisión inicial de luz y la sensación de placer o euforia que eso crea, hay menos luz en los chakras y en el aura, quedando un sentimiento de insipidez, una decepción. (La resaca producida por el alcohol es un ejemplo). Tanto si la adicción es química como del comportamiento, la vida se vuelve aburrida, con una incapacidad de sentir placer, lo cual conduce al adicto a buscar una experiencia con el fin de sentir otra vez la alteración de conciencia. Y así se repite el ciclo, cada indulgencia dando como resultado una pérdida de luz y cada ronda requiriendo una dosis más fuerte para conseguir el mismo efecto.

El resultado final es una pérdida de luz en todos los centros espirituales a medida que la adicción se va asentando y cada centro se vacía de su esencia vital. Las víctimas de la adicción pueden llegar a tener una apariencia como si las hubieran vaciado de la fuerza vital. Parecen estar vacías y casi grises, incluso se lo parece al observador accidental.

Los signos a menudo se ven en los ojos, que deben ser el reflejo del alma, un reflejo de la luz interior, pero en medio de la adicción, en vez de tener luz y vitalidad, los ojos parecen hundidos o vidriosos y adormecidos. Lo vemos en el declive de actores, modelos y estrellas de rock en los artículos de la prensa rosa y los periódicos, y muchos de nosotros lo hemos visto en amigos que han sucumbido a la adicción.

En las garras de una adicción

Aun nivel subconsciente, todas las adicciones van juntas. Por ejemplo, las personas adictas a las drogas muchas veces tienen problemas con el alcohol o el sexo. No es una cuestión solo de que las drogas o el alcohol produzcan una pérdida de inhibición que conduce a encuentros sexuales. Las adicciones ejercen un efecto sinérgico: una pérdida de luz en un chakra produce problemas en los demás.

Todas las adicciones funcionan persuadiendo al alma a que pierda su luz. Cuando esta se utiliza mal en los chakras superiores, la luz del chakra de la base no se eleva. Entonces, la energía se reúne alrededor del chakra más bajo, lo cual le genera al alma una incomodidad. La energía tiene que encontrar una vía de escape, lo cual puede conducir a un aumento de los deseos sexuales y una actividad sexual que se vuelve más compulsiva e insana, en vez de estar basada en el amor, y termina estando cada vez más fuera de control.

A lo largo de un gran período, la pérdida de energía puede tener unas graves consecuencias negativas para la evolución del alma. El cuerpo físico es una vestidura temporal para el alma. Al final de esta vida el alma pasa a otros planos y si ese día quisiéramos entrar en los reinos del cielo, la octava etérica superior, necesitaremos un cuerpo de luz, al que se conoce en términos esotéricos como el «cuerpo solar imperecedero».

La parábola de la fiesta de bodas del Nuevo Testamento ilustra este principio. En esa historia, el rey invita a unas personas a un banquete de bodas. Cuando entra en la sala, le dice a uno de ellos: «Amigo, ¿cómo entraste aquí, sin estar vestido de boda?». El hombre enmudeció y fue expulsado de la fiesta.

La fiesta de bodas es una alegoría de la reunión del alma con el Yo Superior, el aspecto individual de la conciencia de Cristo. El vestido de bodas es el cuerpo solar imperecedero, el cuerpo luminoso que nos tejen para que lo vistamos en los reinos celestiales. Todos los santos del cielo visten ese vestido de luz y sin él no podemos reunirnos con nuestro Yo Superior.

Cada uno de nosotros debe ir tejiendo su vestido de bodas un poco cada día, y lo tejemos con la luz del aura y los chakras cuando esa energía es utilizada conscientemente en propósitos dignos, para bendecir a Dios y al hombre. Al final de nuestra vida, cuando pongamos a descansar nuestro cuerpo y nuestra alma remonte el vuelo hacia el siguiente reino, querremos tener el cuerpo de luz que nos dé la capacidad de elevarnos hacia las octavas superiores.

Tejer esta vestidura exige tiempo y energía. Si perdemos la energía del aura por elegir mal, incluyendo las adicciones, esa energía no estará disponible para tejer el cuerpo solar imperecedero. Es así de sencillo.

La adicción es como un ladrón. Pretende ser un amigo de verdad, pero nos roba la esencia vital fundamental que necesitamos para tejer el vestido de bodas. Nuestra atención se desvía hacia la adicción, que se convierte en el objeto de nuestros afectos. En vez de adoración a la presencia de Dios en nosotros, ponemos la atención en el flujo de energía en una espiral descendente.

La razón de ser de la adicción es conseguir que pierdas tu luz. Cuando esta se ha perdido, ya no está disponible para ser utilizada. En cambio, la luz es robada inmediatamente por las fuerzas de la oscuridad, que quieren la luz y te han animado a que la gastes. Esas fuerzas hasta se ríen de ti por ser tan cándido como para escucharlas. Y aunque tienen la culpa por tentarte, saben que tienes libre albedrío y que eso fue lo que elegiste.

Y, ¿quién sale perdiendo? Solamente tú. Tú habrás perdido tu luz. Tú habrás perdido tu autoestima. Con frecuencia, habrás perdido la abundancia económica por utilizarla para alimentar tu adicción. Pudieras haber perdido el empleo. Pudieras haber perdido miembros de tu familia o amistades. Y bien pudieras sentirte atrapado por todas tus decisiones equivocadas.

¿Por qué la adicción es tan cruel? ¿Por qué el adicto se siente tan atrapado? En vez de tejer el vestido de bodas, la adicción teje espirales de energía negativa que se enroscan alrededor del núcleo del ser. Cada decisión equivocada envuelve otra hebra de oscuridad alrededor del centro, hasta que acaba estando tan apretado que no parece que haya ninguna salida: te encuentras atenazado.

Tus cuatro cuerpos inferiores han formado un impulso acumulado.

Tu cuerpo de los deseos quiere la sustancia o el objeto de la adicción.

Tu cuerpo mental piensa en eso todo el tiempo.

Tu cuerpo físico se ha hecho adicto a esa sustancia o sensación.

Y cada decisión equivocada cava un surco más profundo en tu cuerpo etérico, que comienza a reflejar todo lo anterior.

En ese estado, comienzas a creer que debes conseguir aquello a lo que te has vuelto adicto. Tu vida ya no te pertenece.

Me decía qué pensar y qué hacer:
«¡Compra esto!, ¡ve allá!» Es parte de ti.
Es lo que necesitas para sentir
amor y consuelo. Necesitas hacerlo.

Las sensibilidades espirituales y del alma que tienes disminuyen cada día, hasta que un día ya no puedes oír la voz llena de amor de tus ángeles y de tu Yo Superior. Su consuelo y dirección los sustituye la ruidosa insistencia de un hábito o una adicción que te dice que necesitas esto y que debes tenerlo. Como dijo Daniel en su poema:

¿Cómo pudo ser mi mejor amigo,
y luego traicionarme días y más días?
«Lo dejaré, nunca más»,
esto exclamé: «Por favor, ponle fin a esto».
Pero una y otra vez,
su parte que era mía volvía siempre a ganar.

Al cabo de un tiempo, los cuatro cuerpos inferiores se acostumbran a que la energía fluya en espirales negativas. Incluso empieza a sentirse como algo natural o «normal».

El resultado final con frecuencia es una muerte prematura, o bien por los efectos de la adicción misma o, demasiado a menudo, a manos del propio individuo mediante el suicidio, resultado de una depresión o un sentimiento de desesperanza cuando la vida no tiene ninguna otra meta que la de alimentar la adicción. Muchos adictos han llegado a un punto en el que han dicho: «Debo terminar con esto. Voy a salir de este infierno para siempre quitándome la vida».

¿Cómo salir de esa red de oscuridad que ha sido tejida?

Como descubrió Daniel, y como lo exploraremos más adelante, las espirales de oscuridad se pueden atravesar. Puedes limpiar la energía oscura, sustituirla con luz, limpiar tu aura y curar tus centros espirituales.

El primer paso es una importante limpieza, expulsando a los huéspedes no invitados que están estropeando tu mente y tu cuerpo, que deben ser la morada del Espíritu.

Detener la pérdida de luz

Si la adicción da como resultado una pérdida de luz, el esfuerzo para superar la adicción ha de centrarse en detener la pérdida de luz y cambiar el flujo de energía de una espiral descendente a una ascendente, de energía negativa a positiva. Si sanamos los agujeros o desgarres en el aura por los que se pierde la luz, podemos reparar gradualmente el aura y recuperar la luz que una vez conocimos.

La adicción es como una cuesta resbaladiza. Todo empieza con una o dos decisiones equivocadas, y luego muchas más que se van acumulando una tras otra. La adicción es la suma total de muchas decisiones diarias que llevan al alma hacia abajo. Muchas adicciones se generan unas sobre otras. Una vez que consumes una sustancia alucinógena, se vuelve mucho más fácil probar otra. Los juegos de azar y otras adicciones del comportamiento llevan a la gente a consumir alcohol o drogas para mitigar el dolor.

Se puede utilizar el mismo proceso para cambiar de rumbo. La recuperación comienza con una decisión correcta que conduce a muchas decisiones correctas, lo cual revierte las equivocadas que nos llevaron por el camino oscuro de la adicción. Se le puede dar la vuelta a la espiral descendente para que se convierta en una ascendente.

Louise Hay, autora del libro *Puedes curar tu vida (You Can Heal Your Life)*, cree que «si realizamos el trabajo mental, casi todo puede curarse». Este libro, que abre un nuevo terreno, abarca los problemas desde una perspectiva espiritual. La autora explica que la adicción representa «la huida del yo. Miedo. No saber cómo amar al yo». En su libro ella nos ofrece una afirmación para quienes quisieran superar la adicción: «Ahora descubro lo maravilloso/a que soy. Elijo amar y disfrutar de mí mismo/a».

La adicción es una pérdida diaria de luz. Podemos comenzar el proceso de recuperación con cualquier medio que revierta este proceso y aumente la luz y energía en nuestro cuerpo. Ello consiste en concentrarse en tomar decisiones correctas, primero dejando de tomar la droga o de tomar parte en la actividad adictiva. A partir de ahí, la curación puede comenzar en todos los niveles.

Las personas que se están recuperando del abuso de sustancias adictivas pueden beneficiarse mucho de una limpieza del cuerpo de residuos tóxicos y de una restauración del equilibrio de todos los sistemas del cuerpo. Los modelos mentales defectuosos que forman parte de la adicción se pueden volver a programar y las cicatrices emocionales se pueden curar. A través de todo este proceso, la práctica espiritual puede ser la fuerza motriz que impulse más luz por los cuatro cuerpos inferiores.

Cuarta parte

Karma y adicción

¿Innato o adquirido?

Al hablar de las adicciones, la gente muchas veces pondera la antigua cuestión de si es algo innato o adquirido. Preguntan si la adicción es el resultado de la genética o del entorno. En el caso de Daniel, el entorno que tuvo de jovencito tuvo mucho que ver con su adicción. La pornografía estaba a su disposición, empezó a involucrarse en ella y se estableció un patrón que le afectó durante toda la vida.

Si te has criado en un hogar donde las drogas o el alcohol forman parte de la vida normal, las probabilidades de que te vuelvas adicto son grandes. Los estudios muestran que los hijos de alcohólicos tienen cuatro veces más probabilidades de sufrir problemas con el alcohol. La probabilidad es incluso mayor en las familias en las que uno de los padres está deprimido o donde hay violencia. Por tanto, el entorno es un factor.

Sin embargo, el riesgo sigue siendo elevado incluso en niños adoptados y criados separados de sus padres biológicos, lo cual parece demostrar que también existe un componente genético.

Si creciste en un entorno donde había adicciones, puede que tu lucha sea más dura que la de otras personas. Puede que tengas que cambiar tu entorno para poder nadar contra la corriente, pero lo puedes conseguir, especialmente si invitas a los ángeles y los maestros para que te ayuden. Los genes y el entorno no representan tu destino. Más de la mitad de los hijos de padres alcohólicos no se vuelven alcohólicos.

Pero aún más fundamental que estos factores es la pregunta de por qué un alma en concreto nace en cierta familia con un particular entorno y un particular grupo de genes. Y, ¿por qué algunas personas cumplen ese programa y otras no?

Con eso llegamos al, con frecuencia ignorado, tema del karma.

Impulsos acumulados del pasado

Todos venimos a este mundo con el karma que traemos por el uso o el abuso que hayamos hecho de la energía en encarnaciones anteriores. Reflexioné sobre este hecho cuando oí que Daniel había estado en contacto con la causa de su adicción tan pronto en la vida. En la conversación que tuvimos en aquel avión, hablamos sobre ese tema. Daniel no se oponía a la posibilidad de la reencarnación, pero no había pensado en cómo esta se podía aplicar a su vida.

Yo no diría que el karma de vidas pasadas está relacionado en todos los casos de adicciones, ni siquiera en la situación de Daniel. Pero da qué pensar. Tomando la vida de Daniel como ejemplo para el estudio, así es como funcionarían las cosas.

Si hemos vivido antes, las causas que hayamos puesto en movimiento en vidas pasadas pueden afectar a la actual. Nuestros pensamientos, actos, palabras y obras afectan a los demás. Todo ello era energía nuestra y nosotros pusimos nuestra impronta sobre ella al emitirla. Esa energía acaba regresando según un programa determinado de ciclos kármicos. En lo que respecta a los niños, el karma habitualmente no desciende antes de los doce años de edad. Pero en el caso de Daniel, él tenía diez años cuando se empezó a volver adicto.

Sabemos que escogemos nuestra vida antes de encarnar. Elegimos nuestra familia y nuestras circunstancias, frecuentemente con el objetivo de saldar karma y superar anteriores impulsos acumulados de negatividad. Es posible que tengamos que encontrarnos con las circunstancias kármicas exactas allá donde las creamos en una vida anterior. Si estuvimos atenazados por una adicción en nuestra última vida, es posible que tengamos que regresar para encontrarnos con esa adicción exactamente en el punto que supone una continuación, para superarla de una vez por todas.

Si Daniel hubiera tenido su actual adicción o una parecida en una vida anterior, le habría interesado encarnar en una situación en la que pudiera superarla en esta vida. Quizá hacer esto fuera incluso un requisito del patrón de su alma y su plan divino.

Anteriormente en su vida, Daniel tuvo una oportunidad de vencer su adicción. Cuando realizaba su servicio misionero como mormón, se había visto libre de la adicción, pero al regresar a su antigua vida también regresó a sus antiguas costumbres.

Otra posibilidad es que Daniel haya sido responsable en otra vida de llevar a otras personas hacia la adicción. Quizá promovió pornografía o alguna otra adicción e influyó en la vida de varias personas negativamente. Las deudas que le debía a la vida y a otras personas debían pagarse ayudando a liberar a esas personas en circunstancias parecidas de adicción.

También es posible que se le exigiera que sintiera lo que significa encontrarse en el lado receptor de lo que él hizo, siendo necesario que se viera en problemas bajo las mismas dificultades que las que tuvieron aquellos a quienes llevó a la adicción la última vez. Al luchar contra la adicción en el presente, él tiene la oportunidad de saldar su karma y superar la fuerza negativa de la adicción. Lo ha probado por completo, conoce la adicción desde todos los ángulos y ahora puede ayudar a otras personas que están afrontando la misma dificultad.

Su familia pudiera incluso formar parte de un grupo con el que encarnó anteriormente y con el que ahora debe resolver un karma colectivo. Daniel trabajó mucho para ayudar a algunos miembros de su familia a salir del lodazal de la adicción y quizá eso fuera una parte importante de su misión en esta vida.

Karma y libre albedrío

Una vez dicho esto, es importante que no caigamos en el concepto fatalista sobre el karma que algunas veces encontramos en Oriente: todo lo que nos ocurre es karma y este nos predestina la vida. El karma no determina nuestro destino más de lo que lo hacen los genes o el entorno. Cada día se crea karma nuevo al tomar decisiones la gente sobre cómo utilizar su energía.

Es posible que el karma de Daniel dictara que se encontrara con la pornografía a una edad temprana. Sin embargo, podría haber sido que Daniel no tuviera nada de karma con esta adicción, que fuera simplemente una cuestión de libre albedrío. Su abuelo tenía el libre albedrío de aceptar o rechazar la pornografía y sus decisiones afectaron a Daniel y su hermano. Daniel también tenía libre albedrío, lo cual se demuestra sobre todo con su decisión de superar su adicción.

Karma no significa predestinación. Karma es simplemente la ley impersonal de causa y efecto: lo que sembrares, eso segarás. Si hemos sembrado mal en el pasado, ya sea en esta vida o en otra anterior, tendremos que cosechar lo que hayamos hecho y enderezarlo, corrigiendo el desequilibrio de energía.

También está presente el elemento de la gracia. Daniel recibió ayuda para vencer y tuvo la gran fortuna o el buen karma de haberse criado en la Iglesia mormona, lo cual le proporcionó el marco de referencia para afrontar el desafío. Renovó su relación con Jesús, y tuvo una estructura de apoyo que lo ayudó a luchar.

Karma, libre albedrío, gracia y oportunidad son los grandes regalos que cada uno de nosotros tiene en la vida en este planeta Tierra.

Cambiar el curso del río

El retorno del karma de otras vidas, una adicción o un hábito, el flujo incorrecto de la energía en nuestros centros espirituales... todas esas cosas son como un río que no fluye hacia el mar, sino hacia un lago estancado. De hecho, el río lleva fluyendo así tanto tiempo que ya no conoce otro rumbo. Se han formado profundos canales en las rocas y la arena. A su lado vemos el antiguo lecho vacío, ahora lleno de desechos. ¿Cómo podemos hacer que el río vuelva a su curso?

Si decidimos cambiar el curso del río, debemos bloquear el flujo y redirigirlo hacia el canal correcto. El antiguo lecho estará lleno de tierra, cieno y hojarascas, que deben limpiarse. Entonces el río podrá fluir de la forma en que Dios quiso. Llevará algo de tiempo, pero volverá a fluir hacia el mar y ser libre.

Realmente es posible cambiar el curso del río. Realmente es posible superar la adicción. Hace falta trabajo, pero la llama violeta puede ser de gran ayuda a la hora de limpiar el antiguo lecho y redirigir el flujo de la energía. Eso significa un cambio en el flujo de la energía a través de los chakras.

Quinta parte

La bestia que no es benigna

Entidades

Al mirar atrás, veo
una bestia fea que era parte de mí.

Para mí, la parte más fascinante de la historia de Daniel fue su experiencia con la «bestia». Ese encuentro fue un punto clave de inflexión y nos ofrece una visión profunda hacia el ámbito en el que se libra y se gana la batalla más importante contra la adicción.

Lo que Daniel sintió y oyó fue una inteligencia que no era la suya, un ser que reforzaba y encarnaba esa adicción. En términos cristianos o budistas lo llamaríamos un fantasma o un demonio o espíritu maligno. En terminología espiritual o esotérica se lo conoce como una entidad.

Se ha conocido a las entidades a lo largo de la historia. Solo recientemente su existencia ha sido negada como una superstición. Puede que la gente realmente sea supersticiosa acerca de las entidades, pero eso se debe simplemente a la falta de comprensión y a no saber cómo lidiar con ello.

El tipo de entidad más habitual se conoce como entidad «desencarnada», simplemente un ser sin cuerpo. Imagínate a alguien que fuera adicto a las drogas. Cuando esa persona fallece, ¿qué ocurre? El deseo sigue presente. En vez de viajar a los planos etéricos de luz (el mundo celestial), esa persona puede permanecer atrapada como un espíritu desencarnado en los planos de su deseo. En terminología popular, a esto se lo llama «fantasma» o «poltergeist».

Este seguirá sintiendo el deseo exacerbado de las drogas, aunque esté en el plano astral. No podrá conseguirlas físicamente, pero podrá sentirlas indirectamente a través de quienes están encarnados.

Las personas que han tomado drogas vagan por el plano astral después de fallecer. Buscan a quienes siguen encarnados, influyendo en ellos para que tomen drogas y así poder alimentarse de la luz cuando esta sea emitida de los chakras de la persona encarnada. Es algo parecido a cómo hay gente que siente excitación sexual indirectamente al mirar a otros ejercer el sexo. Para las entidades, la experiencia es aún más directa puesto que pueden conectar su aura a las personas encarnadas, sintiendo lo que estas sienten y accediendo a su luz.

La película *Ghost* ofrece un vívido cuadro de entidades desencarnadas. Sam, el héroe de la película, ha muerto. Ve a muchas otras personas que también han muerto, incluyendo a un enfurecido fantasma que viaja en el tren subterráneo. Esta entidad ha aprendido a mover objetos, aunque no tenga cuerpo. A cierto punto, este desencarnado ve una máquina de dispensar cigarrillos. Enojado, rompe el cristal y unos paquetes de cigarrillos se caen. Él los mira con anhelo y dice: «¡Ah, daría cualquier cosa por un cigarrillo!».

Las adicciones no se terminan con la muerte. Continúan del otro lado, igual que los impulsos positivos de amor y luz también continúan cuando abandonamos nuestra forma física.

Una entidad también puede ser tan solo la funda astral de un individuo que ha muerto. El alma que tenga algo de luz y devoción hacia las cosas superiores podrá ser llevada por los ángeles a la octava etérica como preparación para una siguiente encarnación. Pero si el alma no posee el control sobre el cuerpo emocional, la funda astral o «ka» astral podrá continuar una existencia aparte, sin estar ya bajo el control consciente del alma y el Yo Superior.

El cascarón astral podrá ir vagando por ahí desconectado del alma, pero afectando a otras personas con una energía opresiva. Cuando alguien abandona la pantalla de la vida, nosotros podemos llamar a los ángeles para que acudan, aten y se lleven la funda astral de modo que no pueda crear problemas para otras personas e incurra en un karma del que el alma será responsable.

«Tan cerca que te crees que eres tú»

Puede haber muchas clases distintas de entidades desencarnadas, pero todas ellas tienen algo en común: quieren tu luz. Quieren que emitas la luz de tus chakras mezclándote con algo que intentan que hagas.

Es imposible ser adicto a muchas cosas. Podemos ser adictos a sustancias y también a comportamientos, como el juego de azar, el sexo, la ira o la violencia. Todos los hábitos y las adicciones destructivas tienen entidades que las acompañan, la cuales tratan de invadir el cuerpo y robar la fuerza vital. Alimentan la adicción porque ese es el medio por el que pueden acceder a tu luz. Desde una perspectiva espiritual, un motivo clave de por qué cualquier cosa es adictiva es porque esas fuerzas negativas se pegan a nosotros, tratando de influir en nuestros pensamientos, sentimientos, deseos y acciones.

Las entidades se pegan a las personas por el sistema nervioso y en los puntos de los centros espirituales a lo largo de la columna vertebral. El punto de entrada clásico es la nuca, como describió Daniel en su encuentro consciente con la «bestia». Las entidades también pueden pegarse al talón, un punto débil donde los nervios están expuestos. (Este es el verdadero significado del término «talón de Aquiles», un punto vulnerable para las entidades).

Una vez que las entidades están pegadas a nosotros, extraen la luz que está afianzada en el sistema nervioso y los chakras, alimentándose de ella como insectos o vampiros. A veces permanecen pegadas a una persona toda la vida.

Un alcohólico puede tener hasta mil entidades desencarnadas colgando de él, esperando a que tome un trago para poder disfrutar indirectamente de la experiencia a través de él. No es de extrañar que la necesidad imperiosa de beber pueda parecer irresistible.

Como describió Daniel en su poema, cuando estamos bajo la influencia de una entidad, esta llega a estar tan cerca, tan cerca de nosotros, que nos creemos que los pensamientos y deseos de la entidad son los nuestros. Es cierto que algunas veces nosotros tendremos nuestros propios pensamientos y deseos negativos, pero incluso estos pueden ser amplificados muchísimo por las entidades.

Las entidades siempre están presentes en el mundo, tal como lo conocemos actualmente. Deambulan por el plano astral, un poco más allá del físico, y frecuentan los lugares de oscuridad y desesperación, los lugares donde se consumen drogas y alcohol, los bares o sitios donde se juega al azar, donde hay prostitución o pornografía. Se agarran a la gente. Pueden saltar de una persona a otra. Susurran sus tentaciones al oído y en el subconsciente, queriendo persuadir a las almas desprevenidas.

Todos los hábitos y las adicciones destructivas tienen entidades que las acompañan, las cuales tratan de invadir el cuerpo y robar la fuerza vital. Alimentan la adicción porque ese es el medio por el que pueden acceder a tu luz.

Las entidades también tienen sus agentes encarnados, quienes venden sus mercancías. Pueden ser aquellas personas que promueven maliciosamente los productos de la destrucción del alma o pueden ser quienes las distribuyen inconscientemente (como Daniel, cuando llevaba los productos pornográficos a los clientes de su abuelo).

Los ángeles conocen muy bien a las entidades. Lidian con ellas todo el tiempo; y pueden lidiar con las entidades que te aflijan a ti o a un ser querido. Invita a los ángeles a que entren en tu vida y ve cómo los seres oscuros huyen. El apóstol Santiago dijo: «Resistid al diablo, y huirá de vosotros». También puedes pedir que esos diablos sean atados, como la cizaña entre el trigo, por las legiones del Arcángel Miguel.

Entidades masivas

Cuando miramos el alcance de una adicción a escala mundial, podemos ver que estos modelos de negatividad reciben enormes cantidades de energía. Esos campos de fuerza de energía negativa se funden entre sí y forman creaciones de pensamientos y sentimientos del hombre conocidas como «entidades masivas».

Hay entidades masivas de la guerra, la ira, la violencia, la avaricia, la envidia y todas las fuerzas negativas. También existen entidades masivas asociadas a los hábitos y las adicciones. Estas incluyen a las de los licores, la marihuana, el tabaco, las drogas, los abusos del sexo, los juegos de azar y así sucesivamente.

También hay entidades de la muerte y el suicidio. Su única meta es la te tentar a las almas confiadas a que se suiciden como la solución definitiva a sus problemas: la «muerte dulce». Cada año, miles de personas de nuestro planeta abandonan la vida al exponerse a las vibraciones desesperanzadas de la entidad del suicidio.*

Las almas bajo la influencia de una entidad —ya sea una entidad desencarnada o una entidad masiva— en general ni siquiera saben que la entidad existe. Pero sienten la atracción. La entidad influye en sus pensamientos e inserta una idea, una forma de pensamiento, de la sustancia a la que son adictos.

Las entidades pueden ser muy seductoras, pueden ser agresivas o pueden alternar entre los dos extremos. La influencia de una entidad se puede sentir como un tirón magnético, casi como una corriente sumergida del mar. Una vez que permites que te atrape, puede llevarte a las profundidades antes de que siquiera te des cuenta.

---

* Marilyn Barrick y yo describimos la acción de la entidad del suicidio con detalle en el libro *Quiero vivir: cómo vencer la seducción del suicidio.*

Las entidades trabajan juntas

Hemos dicho que las adicciones van juntas. Una de las razones es que sus entidades trabajan juntas. Por ejemplo, la promoción de drogas dañinas no solo recibe ayuda de las entidades de las drogas, sino también de las del suicidio, que toman la esencia vital de sus víctimas cuando es liberada en el proceso del suicidio.

La primera indulgencia, el primer trago, la primera vez que lo hicimos, es el primer paso en el desarrollo de una adicción; el primero de una serie de pasos que al final conducen al suicidio del alma. Las entidades del suicidio que llegan para seducir a los jóvenes han calculado sus pasos hacia el suicidio como la antítesis al sendero espiritual.

Debemos rezar para liberar a todo el mundo, especialmente a nuestros niños y jóvenes, de las adicciones. Un alma como la de Daniel jamás debería haber tenido que afrontar el problema de la adicción a la pornografía a la edad de diez años. Las almas sinceras deben ser protegidas para que no se encuentren en situaciones en las que lleguen a tomar decisiones negativas como esa.

También debemos rezar para que se lleven a las entidades que los acosan. Ello implica una limpieza de desencarnados en quienes han fallecido recientemente, ya que estos vagan por ahí intentando que las personas encarnadas se involucren en adicciones.

También hemos de liberar a la gente de la influencia de las entidades masivas. Puedes utilizar las técnicas espirituales tratadas en este libro para realizar esta limpieza para ti mismo, tu familia o seres queridos.

El nombre de la bestia

Si recuerdas la historia de la Biblia en la que Jesús se encuentra con el endemoniado gadareno, lo primero que hizo cuando le pidieron que curara a ese hombre que estaba poseído por demonios fue preguntar: «¿Cómo te llamas?».

Los demonios contestaron: «Legión», porque muchos demonios habían entrado en él.

Era cierto, porque aquel hombre estaba infestado de muchos demonios, la causa de su locura. Los demonios sabían quién y qué eran, y sabían quién era Jesús. Le rogaron que no los echara, sino que les permitiera entrar en un hato de cerdos que había cerca. Eso fue lo que hizo Jesús.

La Biblia dice que el hombre volvió a sus cabales y que los cerdos huyeron violentamente tirándose por un despeñadero, y se ahogaron. Ni siquiera los cerdos querían sufrir bajo la influencia de esas entidades.

Esta historia es inusual, pero ilustra algunas importantes verdades sobre las entidades. Los seres vivos pueden estar infestados de ellas, las cuales pueden viajar de un ser a otro. Pueden ser eliminadas mediante el poder del Cristo vivo. Y lo más importante es que Jesús preguntó por el nombre de la entidad porque sabía que era la clave de su vibración, algo necesario para echarla fuera.

¿Qué apariencia tienen la entidades?

Me imagino que a estas alturas te estarás preguntando qué apariencia tienen las entidades. Daniel oyó y sintió a una entidad de la adicción a la pornografía, pero nunca la vio.

¿Las entidades o los demonios son como un diablillo rojo con cuernos que se te sientan encima del hombro? Probablemente no. Pero las entidades podrían ponerse sobre tu hombro y susurrarte cosas al oído.

Una entidad desencarnada podría tener una forma muy parecida a la persona durante su última encarnación, como el viajero del tren subterráneo de la película *Ghost*. Sin embargo, el cuerpo de una entidad está compuesto de sustancia astral, que es menos densa y más fácilmente maleable que la física. Por tanto, las entidades desencarnadas pueden asumir formas distintas.

Las entidades masivas pueden tener formas no humanas, con frecuencia de naturaleza animal, quizá como dinosaurios o como las distintas bestias que se describen en el libro del Apocalipsis. Asumen diferentes formas según su función.

Los creadores de películas de terror se sintonizan con esas fuerzas del plano astral y las representan vívidamente en la pantalla. De hecho, el poder que tienen esas películas de asustar en parte proviene de la resonancia que tienen con la percepción del alma en el subconsciente de estas realidades interiores.

Veamos unas cuantas entidades relacionadas con algunas adicciones específicas.

Entidades del tabaco

L a entidad del tabaco, como mucha otras, tiene aspectos masculinos y femeninos. En general, el aspecto masculino de una entidad posee una energía repelente o agresiva, mientras que el femenino es atractivo o seductor. La forma masculina de la entidad masiva del tabaco se llama «Nicolus» y la femenina «Nicola».

La entidad del tabaco, vista con la visión interior, tiene la apariencia de un gusano gigante (el gusano del tabaco), que se parece mucho a la *Manduca sexta*, un insecto que se alimenta de los cultivos de tabaco en América del Norte. La entidad en sí se manifiesta como una forma del tamaño de una persona. Se enrosca alrededor del cuerpo de su víctima y junta su boca con la zona de la cabeza y la boca de la persona que está fumando. Posee una apariencia fofa y gris en el plano astral.

Quizá hayas conocido historias de gente a punto de morir de cáncer de pulmón que dijeron: «Prefiero morir a dejar de fumar». Esa no es la voz del alma. Es en realidad la entidad que dice a través de la persona: «Prefiero que muera mi víctima a que me quiten la luz que extraigo de este cuerpo cada vez que fuma».

La entidad del tabaco es virulenta y atroz, hasta la muerte de la persona. Es fácil entender por qué tales entidades han sido descritas como «demonios» en eras del pasado.

Esta entidad se apodera del cuerpo de su víctima, creando un deseo insaciable de cigarrillos, hasta que la persona se convierte en un fumador empedernido, fumando un cigarrillo seguido inmediatamente de otro. Poco a poco va consumiendo el cuerpo, queriendo destruirlo. ¿Por qué hace eso la entidad? Porque así consigue toda la luz almacenada en las células del cuerpo. A través de esa luz da perpetuidad a su existencia.

El consumidor de cigarrillos podrá estar muy contento con su esclavitud. Incluso defenderá su derecho a la esclavitud. Esto se debe a que la entidad interfiere con la sensibilidad del alma hacia la verdad, nublando el cerebro, cubriendo los pulmones de hollín, evitando que el «prana», el aire puro del Espíritu Santo, entre en la corriente sanguínea.

La entidad del tabaco posee un foco de sí misma en todas las células del cuerpo a través de la sustancia de la nicotina, a través del propio humo y sus agentes químicos. Por consiguiente, la persona no contiene luz en sus células, sino que contiene la conciencia de la entidad del tabaco.

Todos los fumadores tienen esta entidad y otras entidades

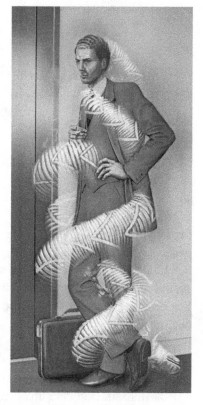

desencarnadas relacionadas en mayor o menor medida. Su presencia se reconoce por el olor a humo y la vibración en general. Los fumadores muchas veces guardan cierta similitud en su comportamiento: la forma en que sujetan el cigarrillo, la forma en que se congregan, la forma en que hablan. Incluso el tono de voz rasposo puede deberse a que la sustancia pone la garganta áspera, pero también puede ser algo más que eso.

Se puede sentir la presencia de estas entidades en cualquier sitio donde la gente fume. La presencia de entidades alrededor de esas personas no significa que sean mala gente. Muchas veces son gente fantástica, pero cada una de ellas es una víctima de la entidad del tabaco.

Entidades del alcohol

El alcohol es una de las sustancias de las que más se abusa en el mundo actualmente y tiene una tasa de adicción muy alta. El daño que provoca el alcohol en los órganos del cuerpo físico es bien conocido, pero además el alcohol causa unos efectos negativos significativos en el ámbito espiritual, aunque se consuma en pequeñas cantidades.

El alcohol es un sedante del sistema nervioso central, lo cual significa que suprime gradualmente el funcionamiento del cerebro. Los centros superiores del cerebro son lo primero en verse afectados, impidiendo la capacidad de juicio, la memoria, el habla y el movimiento.

Esas partes del cerebro también son el punto de anclaje en el cuerpo físico del funcionamiento espiritual de los chakras superiores y de la sintonización del alma con el Yo Superior. Uno de los motivos por el que la gente toma mal sus decisiones cuando está bajo los efectos del alcohol es que ya no tienen ese contacto con su Yo Superior, algo que muy frecuentemente reconocemos como la voz de la conciencia.

Sin esa conexión, los elementos negativos del subconsciente son libres de actuar, provocando a veces grandes daños en la persona y la familia. Muchas veces la gente se siente incapaz de controlar sus pensamientos y se siente víctima de ellos. Una perjudicada capacidad de juicio y discernimiento también puede conducir a tener aventuras amorosas, conducir embriagado y toda clase de comportamientos de riesgo.

Poco a poco se produce cierta densidad mental que se manifiesta alrededor de quienes continúan abusando del alcohol, pues el daño al cerebro físico y los chakras superiores, incluyendo la coronilla, va aumentando con el tiempo y la conexión con el Yo Superior se debilita, aun cuando el alcohol no esté presente en el cuerpo. Las entidades del alcohol se pegan a los chakras a lo largo de la columna vertebral, conectándose muchas veces con el sistema nervioso en la nuca. A través de esa conexión, las entidades extraen la luz de los chakras, lo cual da como resultado el sentimiento de depresión de los alcohólicos tras la euforia inicial, cuando la luz es emitida.

Las entidades masivas asociadas con el alcohol son «Spiritus» y «Spirita», entidades masculina y femenina que producen la combinación de repulsión y atracción asociada con el alcohol. A la gente muchas veces no le gusta el sabor del alcohol cuando lo prueba por primera vez (señal del cuerpo de que es veneno) y se ha generado toda una industria mundial con el objetivo de hacer que el alcohol sea agradable. La atracción

Entrar en un bar da cierta sensación. Eso es porque el establecimiento está lleno a rebosar incluso antes de que lleguen los clientes.

del alcohol a través de entidades, presión entre compañeros, publicidad y los efectos del alcohol mismo llevan a la gente a depender de algo que de otra forma evitaría.

Estas entidades crean en la gente la dependencia de las bebidas alcohólicas como relajación, estimulación y euforia. Destruyen el incentivo y el respeto por uno mismo y destrozan las familias. Millones de alcohólicos y bebedores sociales son marionetas de las entidades del licor y sus anteriores víctimas del plano astral.

Las personas que han sido alcohólicas, al no tener el impulso acumulado de luz para elevarse hasta los niveles espirituales cuando mueren, rondan alrededor de las personas encarnadas que toman alcohol. Tan increíble como pueda sonar, existe una gran cadena de alcohólicos que encarnan y vuelven a encarnar y que se van intercambiando vida tras vida, algunos tomando alcohol físicamente y sus compañeros tomándolo indirectamente al pegarse las entidades a sus chakras. A la siguiente vida, se intercambian. Esas almas reencarnan con los mismos deseos de alcohol que tenían en la vida anterior.

Entrar en un bar da cierta sensación. Eso es porque el establecimiento está lleno a rebosar incluso antes de que lleguen los clientes. Los desencarnados están ahí, esperando a que llegue alguien y se tome un trago. Se podrán pegar a veinticinco o treinta personas a la vez a través de los centros nerviosos o simplemente a una sola persona que esté bebiendo.

El alcohol en el cuerpo produce un cambio químico que hace que la luz de las células se emita y se vuelva accesible para las entidades. Cuanto más alcohol ingiera en su cuerpo la persona, más luz se desperdicia y más pueden las entidades sorber esa energía. Por tanto, las entidades susurran al oído de sus víctimas: «Solo un trago más, el último».

Entidades de la marihuana

La marihuana es una droga que produce efectos distintos a los del alcohol, y eso no solo refleja la diferencia en la sustancia física, sino también el carácter de la entidad que hay detrás. A corto plazo, la marihuana produce una intensificación de la percepción sensorial y percepciones alteradas del tiempo y el espacio, llevando a algunos a lo que creyeron que eran estados de conciencia espiritual. Alucinaciones, ansiedad y paranoia pueden resultar, con mayor frecuencia si la dosis es mayor, pero a veces también con dosis pequeñas. Los efectos de la marihuana más frecuentes son la apatía, la monotonía, el letargo y una deficiencia en la capacidad de ejercer el juicio, la concentración y la memoria, todas ellas características bien conocidas propias de los consumidores asiduos y que están presentes en menor grado en los consumidores ocasionales.

El alcohol es un agente químico soluble en agua que el cuerpo elimina tras unas horas, lo cual significa que los efectos inmediatos de la droga sobre la personalidad son de poca duración. Es bien sabido que la gente asume una personalidad completamente distinta cuando está bajo los efectos del alcohol. Sin embargo, al día siguiente, las personas vuelven, más o menos, a su personalidad normal, quizá sin recordar lo que hicieron bajo los efectos de la droga.

El efecto de la marihuana es muy distinto. Esta droga provoca su efecto, que dura un corto plazo, cuando el nivel de THC alcanza su máximo nivel. Pero debido a que las sustancias químicas activas en la marihuana son liposolubles, se acumulan en los tejidos grasos del cuerpo así como en las membranas celulares de todo el cuerpo y, de mayor importancia, en el cerebro. Una vez ahí, estos residuos permanecen mucho tiempo: meses o incluso años después de consumir la droga. Los efectos de la droga en la función de las células del cerebro y la personalidad, por tanto, son duraderos y acumulativos, y hasta un consumidor ocasional estará siempre bajo sus efectos en cierto grado.

Otra inquietud es la del daño a largo plazo que pueda hacer la droga al cerebro, especialmente en los adolescentes. Un grupo de investigadores de Nueva Zelanda descubrió que aquellos que habían consumido marihuana en tan solo tres ocasiones antes de los 15 años de edad tenían un doble de posibilidades de desarrollar esquizofrenia a los 26 años de edad. Para los que tenían una disposición genética a esa enfermedad, el riesgo aumentaba diez veces. Un estudio de los efectos a largo plazo en Australia descubrió que entre el 75 y el 80 por ciento de quienes estaban ingresados involuntariamente en una institución psiquiátrica habían fumado asiduamente marihuana entre la edad de 12 y 21 años. Igual que sucede con el tabaco y el cáncer de pulmón, estos efectos de la marihuana pueden no aparecer hasta años después de su consumo.

La marihuana afecta particularmente al cerebro físico, y eso se corresponde con el ataque espiritual hacia el chakra de la coronilla y el tercer ojo. El aturdimiento del cerebro con marihuana llena las células de una sustancia en el nivel físico, lo cual tiene un efecto correspondiente en lo espiritual: las células ya no pueden contener la luz de Dios. El daño en el tercer ojo se refleja en la alta tasa de esquizofrenia y otras enfermedades mentales.

En vez de la dicha de la unión con Dios mediante Samadhi y la meditación, se produce la perversión de esa dicha mediante la droga con sus efectos iniciales, que van seguidos de una depresión o un letargo puesto que la luz ya no fluye desde el Yo Superior. Esto da como resultado un persistente envenenamiento de los centros del cerebro necesarios para la percepción del placer y la total conciencia de estar vivo. La persona acaba experimentando placer solo cuando toma la droga y, con el tiempo, necesita dosis más grandes para conseguir el mismo efecto.

La entidad de la marihuana tiene la apariencia de un gorila, presentando al mismo tiempo una fachada seductora e inocente. Esta droga tiene un nombre popular: «Mary Jane». De hecho, es una impostora de la Madre, la perversión de la luz de la Madre, proveyendo un falso consuelo a sus hijos, aliviando temporalmente sus cargas, pero separándolos a largo plazo de su verdadero yo y produciéndoles un gran perjuicio.

La apatía, la falta de motivación y la pérdida del sentimiento de lucha, que son efectos bien conocidos producidos por la marihuana, son la antítesis de lo que el alma necesita para superar el karma y conseguir la victoria de la misión en la vida. Por tanto, aunque con frecuencia se la considera inofensiva, la marihuana es conocida como la droga de la muerte, porque conduce a la muerte del alma y la de la meta del alma en la vida.

El concepto de que la marihuana es inofensiva es precisamente uno de los efectos de la droga y de las entidades que la perpetúan. Su influencia sobre la población perpetúa el mito de que es inofensiva.

> *La apatía, la falta de motivación y la pérdida del sentimiento de lucha, que son efectos bien conocidos producidos por la marihuana, son la antítesis de lo que el alma necesita para superar el karma y conseguir la victoria de la misión en la vida.*

Los propios consumidores de marihuana muchas veces creen que la droga es inofensiva porque no perciben ninguna dificultad. Una razón de ello es que los efectos más profundos de la droga son graduales y acumulativos, por ello la gente no se da cuenta de los cambios de un día para otro. Las propias facultades de percepción que les alertarían de esos problemas están sufriendo a causa de la droga y su capacidad de discernir los grados de su propia conciencia Divina disminuye poco a poco. No perciben daño alguno en el día a día, porque la marihuana destruye despacio los sentidos del alma.

El autor anónimo del libro *Fumar marihuana en los Estados Unidos (Por Smoking in America)* ofrece una fascinante perspectiva sobre la entidad de la marihuana:

> La indisposición a dejar de fumar o incluso a reconocer que uno ha comenzado a cambiar, lo causa en parte la entidad. Los asesores sobre drogas informan frecuentemente de los

signos de la entidad de la marihuana, pero ni siquiera saben de lo que están hablando. «Para mí lo más alarmante de la marihuana es el efecto que tiene emocionalmente sobre los jóvenes; la cultura y la identidad que asumen», dice Steven G. Marckley, asesor sobre drogas en Los Ángeles. Esa «identidad» asume una importancia exacerbada en la vida de la persona.

Marckley observó que cuando las personas intentan dejar de fumar marihuana, frecuentemente sienten un trauma emocional, una sensación de pérdida como la experiencia de un divorcio, la de tener un hijo que se escapa o la de la pérdida de un miembro de la familia. «Una y otra vez, el "no puedo ni fumarme uno de vez en cuando" (el dolor de perder esa parte de su vida) es una realidad que los persigue. Para muchos jóvenes la marihuana —las drogas en general, pero principalmente la marihuana— se convierte en su mejor amigo».

Un estudiante de secundaria en Palo Alto describió una vez la influencia de la entidad de la marihuana como «la presión de la droga» —algo no relacionado con la presión de los compañeros— que le dio una compulsión difícil de definir y sobrenatural para fumar drogas cuando en realidad no quería.

Con esfuerzo se pueden reunir rápidamente cientos de historias de personas que no querían fumar drogas pero que, de algún modo, se encontraron a sí mismas, sin ningún motivo lógico, drogadas.

Entidades del sexo

El abuso de las energías sexuales es común entre los adictos de todo tipo y existe una mayor concienciación del problema de las adicciones sexuales. La adicción a la pornografía en particular se está extendiendo debido a la facilidad con la que se puede conseguir pornografía en Internet. Estas adicciones se agravan con las entidades, que amplifican la sensación del sexo y animan al adicto a permitirse prácticas sexuales que les hacen perder su luz.

Las entidades sexuales pueden asumir formas muy seductoras, incluso físicamente atractivas o la de hombres y mujeres sensuales. Existen muchas historias de santos en Oriente y Occidente que fueron visitados por tales entidades, que intentaron seducirlos. San Agustín y el buda Gautama tuvieron visiones de hermosas doncellas que trataron de persuadirlos a que se desviaran de su sendero espiritual.

La mayoría de nosotros no tenemos la vista espiritual abierta para poder ver a esas entidades, pero podemos vernos sujetos del mismo modo a su influencia. Daniel sintió la presencia de una bestia y sin duda recibió la visita de muchas entidades de la lujuria, el sexo y la fantasía sexual. He aquí el nombre de algunas entidades masivas asociadas con el abuso del sexo: «Sensua», la entidad del sexo; «Voluptia», la entidad de la lujuria; «Masturba», la entidad de la masturbación. Todas ellas son de naturaleza femenina. También existen entidades de la sensualidad, el narcisismo y en encaprichamiento con uno mismo.

Se conoce a dos tipos más de entidades sexuales, conocidas colectivamente como «Íncubus» y «Súcubus». Un íncubus es un espíritu maligno de forma masculina que intenta acostarse sobre las personas mientras duermen, queriendo especialmente tener una relación sexual con las mujeres por la noche. Un súcubus es una entidad que asume una forma femenina para tener relaciones sexuales con hombres mientras duermen.

Estos demonios pueden aparecer con la máscara de personas que conoces o que has conocido en el pasado como si fueran un personaje. Mientras que tú crees que estás soñando con esa persona y teniendo una experiencia sexual con ella, en realidad se trata de un desencarnado o una entidad que está tratando de imponerse en tu aura mientras duermes.

Las primeras historias de esos espíritus son de hace miles de años. Su existencia se llegó a conocer bien a través del estado de sueño, en el que la puerta entre las mentes consciente y subconsciente (y entre los planos físico y astral) se encuentra algo abierta. Sin embargo, entidades parecidas solo están activas en el nivel subconsciente, mientras la gente está despierta, inyectando pensamientos sexuales en la mente y llevando a sus víctimas hacia la pornografía, la promiscuidad y toda clase de abusos de la luz del chakra de la base de la columna.

Esas entidades, como las doncellas seductoras que tentaron a los santos o las sirenas que tentaron a Ulises, con frecuencia llegan con apariencia hermosa y con la promesa de traer dicha. Cuando se revela su verdadera naturaleza, descubrimos que son malévolas, como la bestia que sintió Daniel. Su meta es extraer la luz de los chakras y dejar a la persona sintiéndose degradada y vacía.

Fuerzas del mal

El libro *Cartas del diablo a su sobrino (The Screwtape Letters)*, de C. S. Lewis, es una obra clásica cristiana que ofrece una visión profunda e interesante sobre las fuerzas detrás de la adicción. El libro es una colección de «cartas» de un diablo a otro inferior, que está siendo entrenado para influir en la gente de forma negativa. El libro es divertido en su descripción de las travesuras de esos seres y cómo llevan a la gente a que transija para darse satisfacciones de varias clases. Leer el libro también nos recuerda que los pensamientos que parecen surgir de nuestro interior pueden ser proyecciones de mentes que no son la nuestra.

Lewis era profesor de literatura medieval y renacentista en la Universidad de Cambridge, y también adquirió una profunda comprensión del funcionamiento del mundo invisible. Comprendió que, del mismo modo en que existe una jerarquía y organización entre los ángeles, también existe una jerarquía de seres de la oscuridad. En el prefacio de *Cartas del diablo a su sobrino*, nos cuenta algunas ideas sobre ello:

> Ahora bien, si con «el Diablo» te refieres al poder opuesto a Dios, como Dios, con existencia propia para toda la eternidad, la respuesta es, ciertamente, *no*. No existe ningún ser no creado excepto Dios. Dios no tiene un opuesto. Ningún ser podría lograr una «maldad perfecta» opuesta a la bondad perfecta de Dios; pues al eliminar todo lo bueno (inteligencia, voluntad, memoria, energía y la existencia misma), no quedaría nada de él.
>
> La pregunta apropiada es si creo en los diablos. Creo en ellos, es decir, creo en los ángeles y creo que algunos de

ellos, abusando del libre albedrío, se han vuelto enemigos de Dios y, como corolario, enemigos nuestros. A estos los podemos llamar diablos. No son de naturaleza distinta a los ángeles buenos, pero su naturaleza es depravada. «Diablo» es lo opuesto a «ángel» tanto en cuanto el Hombre Malo es lo opuesto al Hombre Bueno. Satanás, el líder o dictador de los diablos, no es lo opuesto a Dios, sino a Miguel.

Muchos de los espíritus que van vagando por la Tierra son simples desencarnados, gente si cuerpo, y su conciencia estando fuera del cuerpo no ha de ser distinta a la que era cuando estaban dentro del cuerpo: una simple búsqueda para dar perpetuidad a su existencia y perseguir sus placeres. Sin embargo, también hay espíritus como los describe Lewis, ángeles que han caído y forman parte de una jerarquía de la oscuridad.

Esos ángeles caídos, como los que Lewis describe inteligentemente, buscan influir en las personas que están encarnadas. También utilizan otras entidades como instrumentos conscientes o inconscientes para lograr sus objetivos malvados. Lewis describe cómo piensan y el modus operandi de una evolución de la oscuridad, cuya perspectiva sobre la existencia es completamente distinta a la nuestra. Esos seres están opuestos a la Vida misma. El mal se puede concebir como un velo de energía, el velo de oscuridad que los diablos (los que han deificado el mal) han esparcido sobre la Tierra.

Los diablos pervierten la llama de la vida. Roban la esencia y la alegría de la vida a sus víctimas y utilizan su energía para conseguir sus metas. En sus filas incluyen a quienes han querido adquirir poder sobre los demás mediante la práctica de la magia negra. Los magos negros y los ángeles caídos pueden existir en el plano físico, con un cuerpo físico como tú o como yo. También pueden existir en el plano astral, sin un cuerpo físico.

Cuando alcanzan cierto nivel como adeptos en los que se ha denominado el sendero de la izquierda, parece que permanecen en el plano astral más que en el físico, algunas veces durante miles de años. Pueden hacer más por la oscuridad desde el plano astral trabajando de forma invisible a través de personas en la Tierra de lo que podrían si lo hicieran dentro de las limitaciones de un cuerpo físico. Se podría pensar que la bestia que visitó a Daniel era un poco superior a la típica entidad de la adicción. Ello habría coincidido con un hábito que ha durado más de tres décadas. Las fuerzas de la oscuridad se alimentan de la luz de sus víctimas, y pueden volverse muy obstinadas.

El concepto de posesión demoníaca es antiguo, pero nos resulta muy familiar hasta el día de hoy. La familia o los amigos de un alcohólico muchas veces te dirán que la persona tiene una personalidad completamente distinta cuando se encuentra bajo los efectos de la droga. Se dan cuenta con claridad de cuándo una fuerza o entidad está actuando a través de su hijo o hija, esposo o esposa.

Lo ven en sus ojos, la cara, el tono de voz, el comportamiento; todo es diferente a la persona que conocían. Aunque no saben cómo llamar a lo que ven, saben que ya no es su ser querido quien controla ese cuerpo.

Entender lo que está ocurriendo es el primer paso del trabajo espiritual para afrontar esas fuerzas de la oscuridad. Las entidades de la adicción manipulan y tuercen la mente y los sentimientos de sus víctimas. Se ciernen amenazadoramente, pero de hecho son muy pequeñas comparadas con el poder del Creador. El poema de Daniel lo describía bien:

Siempre está presente, se ha establecido
en mi alma y en mi rostro.
Ahora que lo veo y sé que está aquí,
lo trato con otro cuidado.
Su poder aún es grande, aunque muy pequeño
cuando llamo a Aquel que nos creó a todos.

Exploraremos cómo afrontar esas fuerzas de la oscuridad en la Sexta parte.

Alimentar a la bestia

Cada vez que permitimos que una entidad se lleve nuestra luz, estamos alimentando a la bestia. Como vampiros espirituales, las entidades usan nuestra fuerza vital para perpetuarse a sí mismos. Asimilan la luz emitida y se ven con el poder de persuadir a otras personas a que también se hagan adictos.

Psicólogos y expertos te dirán que algunas adicciones parecen comportarse como si fueran contagiosas. No tienen palabras para describir la posesión de las entidades, pero observan un fenómeno que parecer ser algo más que la mera presión social y la influencia del entorno.

Los suicidios en cúmulo y los suicidios por imitación son otro ejemplo de un contagio que las entidades alimentan. Los que se suicidan bajo la influencia de las entidades del suicidio vagan por el plano astral bajo durante un tiempo, hasta que deben reencarnar. (Habitualmente encarnan con bastante rapidez). La funda astral, estando cerca de la Tierra y ligada a ella, es un peso opresivo y depresivo que puede influir en amigos u otros miembros de la familia para que también se suiciden. Las entidades del suicidio acechan a la siguiente persona, y a la siguiente y a la siguiente.

El ciclo adictivo se disemina del mismo modo. Es bien sabido que las adicciones tienden a invadir las familias y comprendiendo los efectos de las entidades, podemos ver que se trata de algo más que la simple herencia y el entorno. También estaremos afirmando lo obvio si decimos que la gente que frecuenta bares y pasa tiempo con drogadictos tiene más probabilidades de hacerse adicta; pero, para repetir, se trata de algo más que la simple presión de los compañeros.

El yo inferior

Una vez llegados a este punto, es importante que mencionemos el papel esencial que juega el yo inferior en la adicción. El yo inferior consiste de los elementos negativos de la mente subconsciente e inconsciente, los impulsos acumulados de la oscuridad que con frecuencia nos esperan, procedentes de vidas anteriores. El yo inferior es el que se deprime, el que dice palabras desagradables y el que comete actos indignos. El yo inferior en realidad no es real, en última instancia, pues no posee una realidad permanente en Dios, pero a veces puede adquirir una verdadera realidad, y sus efectos en nuestra vida son ciertamente de gran alcance.

El yo inferior es nuestro punto vulnerable a la influencia de las entidades. La existencia de este yo inferior es lo que da la capacidad a una entidad de hacernos pensar que nosotros mismos somos quienes estamos pensamos y actuando, puesto que una parte de nuestra conciencia vibra afín a lo que la entidad está proyectando.

En un sentido, la batalla es externa: un ángel sobre un hombro nos insta a que vayamos por un lado, un diablo sobre el otro también, susurrándonos al oído, instándonos a que tomemos el sendero de la izquierda. Pero el enemigo no solo es el Diablo, la entidad. Es la entidad aliada con el yo inferior. Las fuerzas de la oscuridad son externas, pero también están dentro de nosotros.

Cuando comprendamos esta conexión, tendremos otra clave para vencer y podremos comenzar a superar en inteligencia al yo inferior y a la entidad. Y es que, así como tenemos un yo inferior, también tenemos un Yo Superior, siempre presente, y con frecuencia es tan solo una cuestión de dónde ponemos nuestra atención.

El yo inferior sabe que algún día morirá, mientras que el Yo

Superior es eterno. Cuando al fin consigas la victoria, cuando te unas a tu Yo Superior y regreses al cielo para no salir de él jamás, el yo inferior dejará de existir.

La meta definitiva de la vida es que cada uno de nosotros se una a su Yo Superior. Una vida centrada en el yo inferior y todos sus deseos no puede progresar para el alma. Servir a los demás es el camino a la unidad con nuestro Yo Superior, pues esa es la naturaleza de nuestro Yo Superior. Al dar a los demás descubrimos quiénes somos en realidad.

Daniel lo vio con claridad. Cuando venció su adicción, fue capaz de amar de una forma en la que nunca pudo. Libre de la adicción y la lujuria que la acompañaba, comprendió el verdadero significado de amar a su esposa, una profundidad en el amor que anteriormente lo eludió.

Daniel me dijo que mantenerse en control de la adicción era una lucha diaria. Pelearse con el yo inferior y los demonios interiores de uno mismo no es fácil, pero la recompensa es grande, a veces más allá de cualquier cálculo. Es una batalla y, como cualquier cosa que merezca la pena, requiere esfuerzo. Como Jesús, que afrontó su batalla espiritual en el jardín de Getsemaní, Daniel tuvo, por decirlo así, que «sudar sangre». Hizo falta lucha y gran esfuerzo. Pero no estaba solo.

¿Quién ganará, el yo inferior o el Yo Superior? Aquí está el punto en que el individuo elige el bien o el mal, la vida o la muerte, la luz o la antiluz.

Sexta parte

Ayuda de una fuente superior

Llamar a un poder superior

Y ahora tienes el poder interior
para empezar una nueva vida y volver a vivir.

Cuando hablé con Daniel en aquel avión, me dijo que recientemente había visto un programa de televisión popular en el que tres hombre hablaron de cómo superar la adicción sexual. Él dijo que ninguno de ellos mencionó el hecho de llamar a un Poder Superior. Daniel sintió que la liberación que encontraron podría no durar mucho sin ese paso, y yo me inclino a estar de acuerdo con él.

Ciertamente podemos hacer mucho para vencer las adicciones con fuerza de voluntad o, como muchos la han llamado, la voluntad de no hacer. «Simplemente decir no» puede tener mucha fuerza. Pero muchas personas te dirán que eso no basta.

Al principio de nuestra conversación, le pregunté a Daniel: «¿Qué fue lo que más te ayudo?». Él respondió sencillamente: «La oración».

Acude a Él con la rodilla hincada
y busca Su poder con humildad.
Acude a Él, mañana y noche;
sin Él no puedes ganar esta pelea.
Dile que necesitas Su fuerza y su poder
para vencer el momento débil.

Daniel rezó y le pidió a Jesús que lo liberara del demonio que lo tenía agarrado de la nuca. Y Jesús lo liberó.

La oración en su forma más sencilla es una conversación con

Dios: hablar con Dios, contarle nuestros problemas y preocupaciones, y pedirle que nos ayude. Esa ayuda está siempre presente, pero hemos de pedirla. La ley del cielo dicta que los ángeles y maestros solo pueden entrar cuando se lo pedimos, porque ellos respetan nuestro libre albedrío.

Aunque te puedas sentir solo en tu lucha contra alguna adicción, en realidad no has de sentirte así. Si haces un llamado, te arrodillas y le pides a Dios con sinceridad que te ayude, las huestes del cielo acudirán a tu lado. Solo necesitan una invitación para entrar en la batalla y luchar a tu lado. De hecho, si se lo pides, harán la mayor parte del trabajo.

La oración en su forma más sencilla es una conversación con Dios; hablar con Dios, contarle nuestros problemas y pedirle que nos ayude.

En lo relacionado a llamar a un Poder Superior para vencer la adicción, debes conocer a tres seres celestiales: Jesucristo, el Arcángel Miguel y Saint Germain. Ellos son socios indispensables en la lucha contra la adicción de cualquier persona.

El gran médico

D aniel encontró una ayuda siempre presente cuando llamó al maestro Jesús, el gran médico. Creo que Jesús está muy cerca de todos nosotros, pero somos nosotros quienes, muchas veces, hacemos que se aleje.

Mucha gente se traba al oír el nombre de Jesús. Lo consideran como alguien lejano, perfecto, al que no se pueden acercar, alguien con quien no se pueden identificar. Más allá, algunas denominaciones cristianas han tratado de hacer de Jesús una propiedad exclusiva, diciéndote que a menos que te suscribas a su versión particular de la doctrina, no podrás tener una relación con Jesús.

Yo veo a Jesús de una forma muy diferente. Él es maestro de todas las religiones, tanto de Oriente como de Occidente. Estudió en Oriente para prepararse para su misión en Tierra Santa y allá lo conocen hasta el día de hoy como san Issa.*

Él realmente era el Cristo. Sin embargo, la palabra «Cristo» proviene del griego *christos*, que significa «ungido». Un ser «Crístico» es simplemente una persona ungida con la luz del Señor. Esa luz es la luz universal, la luz «que alumbra a todo hombre que viene al mundo».

Jesús nunca dijo que él era el único hijo de Dios. De hecho, Juan, el apóstol más cercano a Jesús, dijo que todos podemos aspirar a ese llamamiento cuando escribió: «Ahora somos hijos de Dios…».

Todos tenemos la misma luz de Cristo en nosotros, una chispa divina que vive dentro del corazón. La diferencia entre Jesús y la mayoría de la gente es que él encarnó plenamente esa presencia Crística. Realizó ese potencial, algo por lo que todos nos podemos esforzar, el

---

* Elizabeth Clare Prophet hizo una crónica del viaje de Jesús a Oriente en su juventud en su libro, *Los años perdidos de Jesús.*

sendero que los místicos de todas las épocas han seguido. Jesús es como nosotros, habiendo tenido muchas vidas en la Tierra, como todos nosotros. Conoció las dificultados en la vida. Es un amigo, un hermano que recorrió el sendero antes que nosotros y que ahora nos ofrece su ayuda para que encontremos nuestro camino hacia el Origen. Si lo llamamos, ponemos en él nuestra confianza, él puede ayudarnos grandemente a superar las fuerzas oscuras que hay detrás de la adicción. Él ayudó a Daniel, y ha ayudado a muchos otros a encontrar su camino desde la oscuridad a la luz.

Al decir las siguientes afirmaciones, Jesús puede reforzar tu verdadero yo y prestarte su impulso acumulado de victoria sobre toda condición negativa.

Afirmaciones transfiguradoras
de Jesucristo

YO SOY el que YO SOY.

YO SOY la puerta abierta que nadie puede cerrar.

YO SOY la luz que ilumina a todo hombre que viene al mundo.

YO SOY el camino.

YO SOY la verdad.

YO SOY la vida.

YO SOY la resurrección.

YO SOY la ascensión en la luz.

YO SOY el cumplimiento de todas mis necesidades y requisitos del momento.

YO SOY abundante provisión vertida sobre toda vida.

YO SOY vista y oído perfectos.

YO SOY la manifiesta perfección del ser.

YO SOY la ilimitada luz de Dios manifestada en todas partes.

YO SOY la luz del Sanctasanctórum.

YO SOY un hijo de Dios.

YO SOY la luz en el santo monte de Dios.

El Arcángel Miguel: tu mejor amigo

Todos los ángeles y los maestros del cielo conocen al Arcángel Miguel, el arcángel de la protección, y nuestra alma también lo ha conocido desde hace eones. Todas las escrituras judías, cristianas e islámicas reverencian al Arcángel Miguel. De hecho, él es el mejor amigo que cualquier persona pudiera tener. Respondiendo a tu llamada, él te protegerá a ti y a tus seres queridos todos los días y también te acompañará tanto a ti como a algún ser querido que tengas en la batalla contra los demonios y las entidades de la adicción.

La tarea que tiene el Arcángel Miguel es la de proteger a las personas de luz en todas partes. No le interesa de qué religión seas o qué creencias tengas —o si no tienes ninguna—, te puede ayudar más eficazmente si se lo pides. Como todos los ángeles, él respeta tu libre albedrío y obedece la ley cósmica que dicta que los ángeles pueden entrar solo cuando son invitados. Incluso las siguientes sencillas palabras traerán instantáneamente a ángeles de relámpago azul a tu lado:

Arcángel Miguel, ¡ayúdame, ayúdame, ayúdame!

Si ves que estás a punto de sucumbir de nuevo a una adicción, si te encuentras en las profundidades de la desesperación o necesitas ayuda urgentemente, manda este S.O.S. Llama a las legiones del Arcángel Miguel cuandoquiera y dondequiera que su ayuda sea necesaria. No seas tímido. Ningún problema es demasiado pequeño ni demasiado grande.

También puedes llamar al Arcángel Miguel y sus ángeles de relámpago azul para que rescaten a otras almas que están luchando contra adicciones de todo tipo. Sus ángeles los sacarán de las profundidades de la adicción y los liberarán de las entidades de la adicción. Estos poderosos ángeles pueden ayudarlos a sentir esperanza, así como la voluntad y el deseo de vencer. (Claro que los ángeles no negarán el libre albedrío de las almas que rechacen su ayuda y elijan conservar sus adicciones). Una simple oración invitará a San Miguel y sus legiones de ángeles de relámpago azul a tu vida.

Oración al Arcángel Miguel

Arcángel Miguel, en el nombre de mi Yo Superior, hoy pido protección para mí, mi familia y mis seres queridos. Rezo por _____(nombre de la persona)_____. Libéralo/a de las entidades de _____(di el nombre de la adicción)_____ que lo/la atan a ese hábito.

(Añade tus oraciones personales y nombra problemas específicos que necesiten intercesión).

Lo dejo todo en tus manos y a tu cuidado. Gracias por escuchar mi oración. Te pido que esto se cumpla de acuerdo con la santa voluntad de Dios. Amén.

No existe ningún problema de adicción que no tenga que ver con entidades y demonios. Por eso es que las adicciones resultan tan difíciles de romper. Si tienes un hijo o una hija adolescente que tenga una adicción a la cocaína o la heroína, sabrás que no solo estás enfrentándote a sus deseos y su psicología.

También existen docenas o cientos de entidades y fuerzas de la oscuridad que trabajan para que ese ser querido tuyo siga ligado a la adicción. No solo estás luchando contra la sustancia y el hábito, estás luchando contra fuerzas invisibles. Por tanto, si decides afrontarlo, descubrirás que debes hacer esos llamados a otro nivel. Estas fuerzas de la oscuridad son muy decididas, por lo que te darás cuenta de que tú debes ser más decidido que ellas.

Cuando tengas que lidiar con las entidades posesivas, debes llamar al Señor para que dé valor. Esos no son momentos para la humildad. Es la hora de ordenar a la luz que actúe y de implorar a los arcángeles y sus legiones que aten a esas fuerzas. Haz tus oraciones

Llama al Arcángel Miguel y sus ángeles de relámpago azul para que te rescaten a ti y a cualquier otra alma que esté luchando contra cualquier tipo de adicción.

en voz alta y con decisión, y después repítelas, reforzando el llamado a la luz, como los monjes y los santos de Oriente y Occidente recitan sus oraciones y cánticos hora tras hora.

El siguiente llamado al Arcángel Miguel es fácil de memorizar y tiene un potente ritmo. Repítelo en múltiplos de tres con voz fuerte, pidiendo por ti o por un ser querido. Visualiza la manifestación de lo que dices como una realidad tangible: la presencia del Arcángel Miguel a cada lado, liberándote a ti o a tu ser querido de la adicción.

Como respuesta a tu llamado, Miguel y sus legiones de ángeles de relámpago azul llegarán con sus espadas de llama azul para liberarnos de todas las entidades, atravesando toda la espiral de la adicción, esas hebras tensas de energía oscura que nos rodean cuando estamos atados por hábitos esclavizantes. Luego sentiremos cómo se nos levanta un peso de encima y una libertad que hemos anhelado.

Mantra del Arcángel Miguel para la protección

San Miguel delante,
San Miguel detrás,
San Miguel a la derecha,
San Miguel a la izquierda,
San Miguel arriba,
San Miguel abajo,
¡San Miguel, San Miguel, dondequiera que voy!
¡YO SOY su amor protegiendo aquí!
¡YO SOY su amor protegiendo aquí!
¡YO SOY su amor protegiendo aquí!

Aun haciendo este llamado, todavía tenemos que cumplir la parte que nos corresponde: tomar decisiones correctas, superar nuestros hábitos e impulsos acumulados. Pero una vez liberados de las fuerzas de la oscuridad, podemos tomar esas decisiones libres de la sugestión mental agresiva que aquellas proyectan hacia nosotros.

De forma gradual —y a veces de repente—, al llamar al Arcángel Miguel cada día, descubriremos que estaremos menos influenciados por los lazos que tenemos con el inframundo por la eliminación de esas conexiones, hebra a hebra, gracias a este poderoso arcángel.

El poder de echar fuera a los espíritus malvados

La siguiente oración al Arcángel Miguel es una fórmula para el exorcismo que cualquiera puede utilizar. La compuso el Papa León XIII, quien ordenó que se incluyera en la misa católica. La siguiente versión de esta oración ha sido adaptada a los desafíos de esta época. Prueba a pronunciarla nueve o más veces al día y verás cómo o bien tú o bien un ser querido tuyo os liberaréis de las adicciones.

Oración al Arcángel Miguel del Papa León

San Miguel Arcángel, defiéndenos en Armagedón, sé nuestro amparo contra las maldades e insidias del demonio; rogamos humildemente que Dios lo reprenda, y que tú, oh Príncipe de las huestes celestiales, por el poder de Dios, ates a las fuerzas de la Muerte y del Infierno, la progenie de Satanás, la falsa jerarquía anti-Cristo y todos los espíritus malignos que rondan por el mundo en busca de la ruina de las almas, y los encarceles en la Corte del Fuego Sagrado para su Juicio Final [incluyendo a _____ *].

Arroja a los seres oscuros y su oscuridad, a los malhechores y sus malas palabras y obras, causa, efecto, registro y memoria, al lago del fuego sagrado «preparado para el demonio y sus ángeles».

En el nombre del Padre, del Hijo, del Espíritu Santo y de la Madre, amén.

---

* A la primera repetición, inserta tu oración personal aquí. Incluye los nombres de las entidades asociadas con la adicción, por ejemplo: «Spíritus, Spírita y todas las entidades del alcohol». Después, repite la oración sin este inserto.

La función de los ángeles en el desafío al mal

E s importante que entendamos bien cuál es nuestra función a la hora de afrontar las fuerzas de la oscuridad que hay detrás de la adicción. No es por nada que han llamado a las entidades «demonios» en las tradiciones religiosas de Oriente y Occidente. Muchas de ellas tienen lazos con los ángeles caídos.

Los espíritus malvados asociados a las adicciones pueden ir de los traviesos desencarnados normales y corrientes hasta el otro extremo, la falsa jerarquía de archiembusteros o los órdenes más altos de ángeles caídos bajo Lucifer, Satanás, Belcebú y muchos otros cabecillas que forman parte de las filas de la oscuridad.

A nosotros no nos corresponde enfrentar ese mal. Los ángeles bajo la dirección de los poderosos arcángeles tienen la función de afrontar directamente a esas fuerzas de la oscuridad. Nuestra función es la de «hacer el llamado» que convoca a estos ángeles para entrar en acción.

Nunca es inteligente desafiar personalmente a los espíritus malvados ni echarlos fuera por tu propia autoridad, entrar donde los ángeles temen pisar. Muchos de la progenie del Malvado tienen más logro en el sendero de la izquierda que el logro que tú puedas tener en el uso de la luz de Dios. Se necesita alguien de igual o mayor logro en la luz para lidiar con estas fuerzas oscuras.

Por tanto, hacemos un llamado para que quienes tienen el logro en la luz, luchen por nosotros. Por eso nos han enseñado ha llamar en el nombre de Jesucristo. Por eso invocamos la ayuda del Arcángel Miguel y su espada de llama azul.

El Arcángel Miguel ha forjado una espada espiritual de llama azul de una sustancia de fuego eléctrico puro azul y blanco, que él blande para protegernos contra las fuerzas del mal. Tú y yo no tenemos posibilidades ante Satanás y sus ángeles caídos, pero el Arcángel Miguel sí las tiene.

Recuerda, a los ángeles corresponde enfrentarse a las entidades y los demonios; a nosotros nos corresponde hacer el llamado.

También es importante recordar que, cuando quieras perseguir a estas entidades de la adicción en otras personas, debes tener tu aura sellada y protegida. Debes tener puesta la armadura de luz completa.

Cuando te enfrentes al dragón de los desencarnados que mantienen a la gente esclava de la adicción, tendrás en tus manos una verdadera competición de lucha. En respuesta a tus llamados y decretos, la luz de Dios y los ángeles se dirigirán hacia esas situaciones y atarán a las fuerzas de la oscuridad. Pero tú deberás permanecer en medio de la batalla, capaz de resistir el contrataque que te lanzará el dragón antes de sucumbir y morir.

Si la bestia se ve atacada como resultado de tus invocaciones y decretos y ya no puede sujetarse a su víctima, podría darse la vuelta y lanzar un ataque contra ti, quizá en ese momento, después de doce o veinticuatro horas.

No te tiene por qué atacar con el deseo de participar de la adicción. Podría ser mucho más sutil que eso. Puede llegar con la forma de dudas sobre tu sendero espiritual, dudas sobre la existencia del Arcángel Miguel y su capacidad para protegerte. Podrías irritarte o enojarte con otras personas sin razón alguna. Podrías tener que afrontar tentaciones dirigidas a tus puntos débiles. Todo eso puede separarte de la fuente de tu luz, hacer que bajes la guardia y hacer que pierdas en contacto con la luz de Dios y la protección de los ángeles.

Para ser un verdadero sanador de almas, debes esforzarte a diario para eliminar puntos vulnerables. Si quieres liberar a alguien de la entidad del alcohol, una indulgencia aparentemente pequeña como el trago ocasional en sociedad puede convertirse en una abertura para que entre una entidad. El miedo o la ansiedad también te quitan ese necesario punto de contacto con las huestes de luz en el momento en que tú eres lo único que se interpone entre un alma atrapada en la adicción y su continuación por un camino hacia abajo.

Cuando invoques las fuerzas de la luz en la batalla contra la adicción, pueden convertirte en un instrumento del Cristo para salvar a un alma de esas fuerzas que quieren destruir no solo el cuerpo físico, sino el alma misma, si pueden. Pero cuando realizas este trabajo por los demás, es importante que tu propia armadura espiritual sea fuerte.

Nunca es inteligente desafiar personalmente a los espíritus malvados ni echarlos fuera por tu propia autoridad, entrar donde los ángeles temen pisar.

He aquí otro poderoso llamado para invocar la presencia del Arcángel Miguel y su protección para ti a lo largo del día. Recita el preámbulo del decreto una vez y después pronuncia tus oraciones personales. Recita la parte principal del decreto tantas veces como desees y después termina el decreto con el párrafo de cierre.

Muchos devotos de este gran arcángel recitan este decreto cuarenta veces cada día y muchos de ellos pueden atestiguar los milagros de gracia y protección que ven en su vida gracias a ello.

San Miguel

En el nombre de la amada, poderosa y victoriosa Presencia de Dios YO SOY en mí, de mi muy amado Santo Ser Crístico, Santo Ser Crístico de toda la humanidad, amado Arcángel Miguel y todos los ángeles de protección, yo decreto:

1. San Miguel, San Miguel,
   invoco tu llama,
   ¡libérame ahora,
   esgrime tu espada!

Estribillo: Proclama el poder de Dios,
   protégeme ahora.
   ¡Estandarte de Fe
   despliega ante mí!
   Relámpago azul
   destella en mi alma,
   ¡radiante YO SOY
   por la Gracia de Dios!

2. San Miguel, San Miguel,
   yo te amo, de veras;
   ¡con toda tu Fe
   imbuye mi ser!

3. San Miguel, San Miguel
   y legiones de azul,
   ¡selladme, guardadme
   fiel y leal!

Coda: ¡YO SOY saturado y bendecido
   con la llama azul de Miguel,
   YO SOY ahora revestido
   con la armadura azul de Miguel! (3x)

¡Y con plena Fe acepto conscientemente que esto se manifieste, se manifieste, se manifieste! (3x), ¡aquí y ahora mismo con pleno Poder, eternamente sostenido, omnipotentemente activo, siempre expandiéndose y abarcando el mundo hasta que todos hayan ascendido completamente en la Luz y sean libres!
¡Amado YO SOY! ¡Amado YO SOY! ¡Amado YO SOY!

Saint Germain

S i entre todos los seres del cielo hay uno que te puede ayudar a superar la adicción, es el maestro ascendido Saint Germain. Su nombre significa «hermano santo» y eso es precisamente lo que él es: un hermano para todos los que están luchando para hallar su libertad en esta vida.

Todo maestro y todo ángel del cielo tiene un corazón lleno de amor. Saint Germain ofrece su corazón y el impulso acumulado de su logro para ayudar a quienes están luchando contra las adicciones. En un discurso a través de Elizabeth Clare Prophet, el maestro habló sobre qué se necesita para superar la adicción:

> Exista la necesidad de cambiar con la *voluntad del corazón*, con un corazón que ama lo suficiente para cambiar porque otros aún están sufriendo una expresión deshonesta a la que periódicamente dais rienda suelta...
>
> Amados corazones, yo permaneceré, y permaneceré por la eternidad, para defender el sendero de victoria y la ascensión de vuestra alma. Muchos de vosotros que os encontráis en una situación precaria por entreteneros con la mente carnal hoy podéis deshaceros de ella en este corazón, en mi corazón. Pues mi corazón es suficientemente grande, como el corazón de Dios, para consumirlo todo.
>
> Hoy mi corazón es un incinerador cósmico, por decirlo así, y puede consumir si vosotros soltáis. Pero recordad, no es algo que ocurra una sola vez. Podéis decidir dejar de fumar ahora y depositarlo en mi corazón, y el registro será consumido. Veinticuatro horas después os encontraréis con el impulso acumulado del mundo de aquello que ha sido

Saint Germain ofrece su corazón y el impulso acumulado de su logro para ayudar a quienes están luchando contra las adicciones.

una debilidad vuestra y tendréis que decir:

¡No! ¡Hasta aquí y *no más!* ¡Te rechazo, entidad de la nicotina! ¡Sé atada por el poder de mi corazón que está unido al corazón de Saint Germain! ¡No me puedes *tocar*, porque YO SOY el Ser Infinito! Vivo en el corazón de Dios. Aquí no hay tiempo y espacio, ¡y *tú* no puedes habitar en el Infinito! Y puesto que yo no habito donde habitas tú, hoy no fumaré, ni mañana ni nunca más. Pues estoy en mi Casa de Luz, ¡y el único humo que hay aquí es el dulce incienso de El Morya* que me acompaña!...

Amados, si os marcháis del tiempo y el espacio y encontráis siempre el centro de la cruz, habitaréis por siempre en la casa del Señor, la cámara secreta del corazón, el sagrado corazón de Jesús, cuyo corazón he convertido en mío

---

* El Morya es un maestro ascendido, amigo de Saint Germain, instructor de Mark y Elizabeth Clare Prophet y fundador de su organización espiritual, The Summit Lighthouse. Tiene una gran devoción hacia la voluntad de Dios.

propio, implorando a ese Cristo y, por tanto, intensificando el corazón de fuego púrpura en su honor.

En ese corazón no hay deseo de hachís, no hay deseo de heroína. Pero si os desviáis de ese corazón y habéis tenido una adicción durante mucho tiempo, os podéis identificar otra vez con el hombre o la mujer exterior y el deseo, y encontraros en aguas turbulentas, hundiéndoos bajo las olas, pidiendo a gritos la mano de Cristo, que siempre os extenderá esa mano hasta que estéis a salvo y cuerdos de nuevo en el Corazón del Infinito.

Amados, se puede renunciar a todos los deseos humanos que podáis tener en este mundo. Y cuando hayáis renunciado a ellos, el deseo divino de Dios entrará en vuestra vida. Por cada deseo humano hay un deseo divino que es legítimo, que satisface, que os dará cualquier cosa que creísteis poder conseguir mediante el deseo humano pero que verdaderamente jamás podíais tener ni conservar, y mucho, mucho más. Pero hace falta valor...

Cada experiencia en la vida puede transmutarse y trascenderse para que se convierta en una experiencia divina.

La sección en negrita es una oración que puedes hacer para cualquier adicción, porque lo que Saint Germain ofrece y su enseñanza es para todo.

Como un regalo especial para todos nosotros, Saint Germain nos da la llama violeta, una luz espiritual que actúa para transformar los aspectos negativos en nuestro mundo. Muchos que han querido superar la adicción han descubierto que la llama violeta es indispensable para su progreso espiritual y físico.

La llama violeta

La llama violeta es el aspecto del séptimo rayo del Espíritu Santo. Es la llama del cambio, la transformación, la alquimia y la libertad.

La energía transformadora de la llama violeta puede penetrar en los modelos de pensamiento e impulsos acumulados que rodean a la adicción, cambiándolos en modelos de luz. Esta llama puede entrar en las emociones y los sentimientos que rodean a la adicción —ya sea el deseo por la sustancia o los sentimientos de desesperanza, culpa y vergüenza que acompañan a la adicción— para transformarlos en sentimientos de victoria y superación llenos de paz y tranquilidad. También puede actuar para disolver las hebras oscuras de la adicción que hemos tejido alrededor de la espiral del ser.

El regalo más grande que te puedes dar a ti mismo es invocar la llama violeta. Servirá de ayuda cuando no valga ningún otro método ni herramienta.
—JENNY

Las entidades y las fuerzas de la oscuridad no se sienten cómodas ante la presencia de esta luz espiritual. Tal como el incienso se ha utilizado durante miles de años para limpiar iglesias y templos de espíritus oscuros, la llama violeta sopla por el templo corporal eliminando todo lo que es distinto a sí misma.

Utilizar la llama violeta resulta muy sencillo. Saint Germain ha entregado varios mantras que puedes utilizar para invocar la llama violeta en tu mundo mediante la ciencia de la Palabra hablada. Las palabras de cada mantra te sintonizan con las visualizaciones que las acompañan. He aquí uno fácil de memorizar:

¡YO SOY un ser de fuego violeta!
¡YO SOY la pureza que Dios desea!

Este sencillo mantra usa el poder superior de tu Yo Superior, tu Presencia YO SOY, para afirmar que estás compuesto de sustancia luminosa, específicamente de la llama violeta transmutadora. Este mantra capacita a la llama violeta para que fluya hacia tu mundo, lo queme todo y sustituya todas las impurezas con la pureza que eres en los niveles internos, afirmando que los deseos malsanos de la adicción son sustituidos por los deseos que Dios tiene para ti.

Si la utilizas con regularidad, la llama violeta puede consumir todo el impulso acumulado del abuso de la luz y la energía de Dios que forma la adicción. Puede consumir los efectos de esa adicción en la mente y las emociones, los deseos y el cuerpo físico, mejorando mucho los pasos prácticos que estés dando para superar la adicción. El resultado final es un nuevo sentimiento de libertad y ligereza.

La llama violeta es un adjunto excelente para la curación de cualquier forma de adicción. ¿Por qué no probarla durante un período y ver qué resultado da? No tienes nada que perder y puede que tengas mucho que ganar.

Transmutar el pasado

C uando hablaba con Daniel, me contó cómo el hábito de la pornografía parecía haber llegado a ser parte integral de su familia. Le había llegado de su abuelo, y me habló de varios miembros de su familia que sufrían la misma adicción. Hablamos del concepto que encontramos en la Biblia sobre los pecados de los padres que visitan a los hijos.

Yo sabía que Daniel, miembro de la Iglesia de los Santos de los Últimos Días, entendía el concepto de rezar por todos los miembros del árbol genealógico. Por tanto, le hablé del uso de la energía del Espíritu Santo para que transmutara todo ese impulso acumulado de su familia desde generaciones anteriores, retrotrayéndose hasta el punto de su incepción. Hablé de cómo el Espíritu Santo puede cambiar no solo el presente, sino el pasado, produciendo así un mejor mañana.

Todos somos el producto de nuestro pasado. Las decisiones que hemos tomado y las acciones que hemos llevado a cabo en esta y en todas las vidas anteriores, han creado a la persona que somos hoy día. Puede parecer que lo pasado, pasado está, que esas cosas no se pueden cambiar; pero una de las increíbles propiedades que tiene la llama violeta es que puede regresar para cambiar esos impulsos acumulados y sus efectos en la actualidad.

Saint Germain, el maestro alquimista, posee un enorme impulso acumulado en la utilización de la llama violeta. Cuando hagas cualquiera de los mantras de llama violeta que hay en este libro, le abres una puerta para que emita la llama violeta de su corazón para ayudarte. Arroja todos tus problemas a la llama violeta y deja que el fuego de su corazón brille a través del tuyo para disolverlos.

El Espíritu Santo posee su propia inteligencia innata. La llama violeta, como uno de los aspectos del Espíritu Santo, sabe a dónde ir y qué hacer para producir el cambio. Puede dirigirse a la mismísima fuente de un problema y disolverla en su causa y núcleo. Para ello, compón tu propia oración con el fin de dirigir la llama violeta hacia esas condiciones y circunstancias específicas del pasado.

En el nombre de mi Presencia YO SOY y mi Santo Ser Crístico, amado Saint Germain, envía la llama violeta hacia las siguientes condiciones:

Menciona cualquier condición de adicción u otros problemas que quieras que la llama violeta cambie. Luego recita mantras a la llama violeta e imagínala entrando en todas esas situaciones, transformándolo todo en luz.

YO SOY la Luz del Corazón
de Saint Germain

YO SOY la Luz del Corazón
brillando en las tinieblas del ser
y transformándolo todo en el dorado tesoro
de la Mente de Cristo.

YO SOY quien proyecta mi Amor
hacia el mundo exterior
para derribar las barreras
y borrar todo error.

¡YO SOY el poder del Amor infinito
amplificándose a sí mismo
hasta ser victorioso
por los siglos de los siglos!

La ciencia de la Palabra hablada

D urante miles de años, el poder de la oración hablada para la transformación espiritual ha sido bien conocido. La gente de Oriente ha repetido sus cánticos y mantras. En Occidente han recitado el Padre Nuestro y el rosario. En esta era, los maestros ascendidos han entregado una comprensión más profunda del poder de la oración hablada mediante aquello que ellos han llamado la ciencia de la Palabra hablada.

Un aspecto de la ciencia de la Palabra hablada es el uso del nombre de Dios, «YO SOY». Cuando Moisés oyó la voz de Dios que le hablaba desde la zarza ardiendo, preguntó: «¿Cuál es tu nombre?». Dios contestó: «Diles que "YO SOY" te envió. YO SOY EL QUE YO SOY. Este es mi nombre para siempre».

Cuando se añade a la oración, la ciencia de la Palabra hablada puede ponerse a trabajar sistemáticamente en la causa y el núcleo de los problemas espirituales que hay detrás de la adicción.

Mucha gente utiliza afirmaciones como medio para ayudarse a sí misma, para lograr lo que quiere en la vida. Las personas afirman lo que quieren manifestar y descubren que ello se produce. Cuando comprendemos que «YO SOY» es el nombre de Dios, vemos que esto es más profundo que una mera reprogramación del subconsciente.

Cuando digamos «yo soy» estaremos invocando la luz de nuestro Yo Superior, nuestra Presencia YO SOY, que es la figura superior de la Gráfica de tu Yo Divino (página 34). Estaremos invocando esa energía en las palabras que sigan.

Si decimos: «Soy infeliz», eso es lo que manifestaremos. Si

decimos: «Soy feliz», el poder de nuestra Presencia YO SOY hará
que eso se produzca. De tal modo podemos usar el poder del nombre
de Dios para producir cambios, tanto físicos como espirituales.

He aquí otro mantra «YO SOY» para invocar la llama violeta:

YO SOY la Llama Violeta

YO SOY la llama violeta
en acción en mí ahora.
YO SOY la llama violeta
solo ante la luz me inclino.
YO SOY la llama violeta
en poderosa fuerza cósmica.
YO SOY la luz de Dios
resplandeciendo a toda hora.
YO SOY la llama violeta
brillando como un sol.
YO SOY el poder sagrado de Dios
liberando a cada uno.

Al pronunciar estas palabras, ve cómo la llama violeta te rodea,
limpiándote el aura, transmutando todas las cargas de tu vida. Más
que eso, *siente* la llama violeta a todo tu alrededor. Siente su alegría
y libertad. Aunque ese sentimiento solo sea un destello al principio,
puede crecer. Y cuanto más llenes el mantra con sentimientos, más
rápidamente se producirá lo que afirmes.

Cuando se añade a la oración, la ciencia de la Palabra hablada
puede ponerse a trabajar sistemáticamente en la causa y el núcleo
de los problemas espirituales que hay detrás de la adicción. Cuando
hablaba con Daniel, le conté algo de esta ciencia porque creía que le
proporcionaría una acción que se añadiría al trabajo espiritual que
estaba haciendo. Sentí que podía llevarlo a un punto aún más alto en
su superación y a un nuevo nivel de curación y libertad.

Un campo energético de protección

Aveces nos podemos sentir desnudos y desprotegidos, vulnerables ante las fuerzas que acechan a las delicadas energías del alma. Todos necesitamos un lugar seguro, aparte de las energías el mundo. Podemos tener un sitio especial al que acudir o incluso una parte de nuestra casa en la que retirarnos a meditar y rezar o simplemente a estar.

Pero no podemos quedarnos en nuestro retiro privado todo el tiempo. Hemos de salir y mezclarnos en el mundo, para saldar nuestro karma y cumplir nuestra misión. Por ello necesitamos un campo energético de protección que podamos llevar con nosotros cada día. De hecho, todos nosotros, todos los días, deberíamos protegernos inteligentemente de las fuerzas invisibles estableciendo un campo energético de luz a nuestro alrededor.

El Arcángel Miguel puede establecer un campo energético de luz azul protectora a tu alrededor como respuesta a una oración tuya. Puedes invocar más protección y sellar tu aura con un campo energético de luz blanca a tu alrededor conocido como Tubo de Luz

El Tubo de Luz es una vestidura sin costuras, que desciende de tu Presencia YO SOY a tu alrededor como una resplandeciente cascada de luz.

Cuando lo invocas, tu Tubo de Luz desciende de tu Presencia YO SOY a tu alrededor como una resplandeciente cascada de luz. Te aísla de la conciencia de las masas y las energías del mundo, formando una barrera contra la oscuridad y las agresivas energías del mundo. Sirve de ayuda para mantener alejadas las voces de la noche, las entidades que te susurran al oído intentado persuadirte para que te permitas hábitos negativos.

Tubo de Luz

**Amada y radiante Presencia YO SOY,
séllame ahora en tu tubo de luz
de llama brillante maestra ascendida
ahora invocada en el nombre de Dios.
Que mantenga libre mi templo aquí
de toda discordia enviada a mí.**

**YO SOY quien invoca el fuego violeta,
para que arda y transmute todo deseo,
persistiendo en nombre de la libertad
hasta que yo me una a la llama violeta.**

Al hacer este decreto, imagínate a tu Yo Superior por encima de ti con el Tubo de Luz a tu alrededor, tal como lo ves ilustrado en la Gráfica de tu Yo Divino, en la página 34.

Dios profetizó una vez sobre la nación de Israel: «Yo seré un muro de fuego en derredor, y para gloria estaré en medio de ella». El muro de fuego es el Tubo de Luz, la gloria en medio de ella es la llama violeta, y esta profecía no es válida solo para la nación de Israel, sino para todos nosotros. El Tubo de Luz se refuerza con la acción de la protección de llama azul del Arcángel Miguel.

«¡La llama violeta es la clave!»

Jenny Hunter

En las garras de la adicción, nuestros mismísimos pensamientos eran adictos a la creación de lo negativo y así a dar perpetuidad a nuestra enfermedad y a crear dolor, desgracia y sufrimiento para nosotros mismos y los que nos rodean. Mira el poder de nuestros pensamientos destructivos. La mente es el mayor activo que tenemos para superar la adicción, aunque al principio parecerá que estamos tratando de domar a un toro salvaje.

Hay millones de personas en proceso de recuperación que buscan respuestas. Dicen que no hay ningún camino fácil, pero créeme, un simple decreto a la llama violeta te ayudará cuando no pueda hacerlo ninguna otra cosa. He aprendido que en realidad podemos cambiar o transmutar nuestro pasado en lo espiritual. Debemos aprender del pasado, pero también debemos enviar la llama violeta al pasado. Debemos convertirnos en el hijo de Dios perfecto, el hijo o la hija de Dios que siempre ha estado en nuestro interior. He descubierto que con la llama violeta, podemos hacer precisamente eso.

La tranquilidad es el mayor de los regalos. No fuiste creado para vivir desconectado y en temor, enfermedad y preocupación constantes. La misma llama que arde sobre el altar de Dios es la que arde en tu corazón. Tienes el poder dentro de ti, pero hasta ahora no sabías cómo usarlo.

Estimo que nuestra única salvación es la llama violeta. Gracias a Dios que estuve dispuesta a salir del ámbito en el que me sentía cómoda y aprender algunos sencillos decretos a la llama violeta. Animo a mis compañeros adictos o alcohólicos a que exploren la llama violeta. Para mí fue clave en mi superación de la adicción. También lo puede ser para ti.

La Madre Divina en Oriente y Occidente

Todo lo que existe en nuestro mundo físico, incluso el propio cuerpo de la Tierra, es materia. Podemos pensar en ella como «mater», el término latino que significa «madre». Todo esto forma parte del aspecto femenino del ser de Dios. En la tradición hindú, el aspecto femenino de Dios es conocido como «shakti». En la tradición judía de la Cábala, se la conoce como «shekinah».

Nuestro cuerpo físico está hecho de materia (energía de la Madre) y la luz de nuestros centros espirituales es, esencialmente, la luz de la Madre Divina. Cuando tenemos una adicción y perdemos la energía de nuestros centros espirituales, lo que perdemos es la luz de la Madre Divina. En última instancia todos debemos resolver nuestros problemas con la Madre Divina y con el flujo de la energía de la Madre en nosotros. Encontrar esa resolución es un paso importante para todos los que están intentado superar la adicción.

La Madre Divina es una persona, así como un principio. En el cielo hay dos madres que nos ayudan mucho en nuestro esfuerzo en el sendero espiritual para superar la adicción. Una de ellas es María, la madre de Jesús. Los poderes de intercesión de María son legendarios y ella se ha aparecido por todo el mundo una y otra vez para interceder por sus hijos. También se la conoce como una gran sanadora.

Esta representante de la Madre Divina ha caminado por la Tierra como nosotros. Conoce las cargas y las tribulaciones de la vida, y puede interceder por nosotros en los momentos difíciles. Puede ayudarnos de una forma especial cuando le dedicamos una oración, el Ave María, la oración principal del rosario.

Esta oración se lleva recitando más de dos mil años por toda la

*Durante la recitación
del Ave María,
los ángeles llamados
«tejedores» pueden acudir
para cuidar del alma cuya
aura ha sido dañada por
la adicción. Estos ángeles
tejen delicadas hebras de
luz para reemplazar las
hebras de oscuridad de la
adicción y para arreglar los
agujeros en las vestiduras
del aura y los centros
espirituales.*

cristiandad y puede suponer un gran consuelo para gente de cualquier fe cuando esté luchando para vencer la adicción. Esta oración eleva suavemente la luz de los chakras desde la base de la columna hasta la coronilla.

Ave María

Ave María, llena eres de gracia,
el Señor es contigo.
Bendita tú eres entre todas las mujeres
y bendito es el fruto de tu vientre, Jesús.

Santa María, Madre de Dios,
ruega por nosotros, hijos e hijas de Dios,
ahora y en la hora de nuestra victoria
sobre el pecado, la enfermedad y la muerte.

Observarás que, en esta versión de esta oración afirmamos que somos «hijos e hijas de Dios» en vez de «pecadores». También afirmamos «la hora de nuestra victoria sobre el pecado, la enfermedad y la muerte» en vez de «la hora de nuestra muerte». Esta es una oración para la nueva era, una época en la que buscamos trascender las penas de la vía dolorosa y recorrer un alegre sendero hacia la reunión con Dios mediante la llama violeta.

Durante la recitación del Ave María, los ángeles llamados «tejedores» pueden acudir para cuidar del alma cuya aura ha sido dañada por la adicción. Estos ángeles tejen delicadas hebras de luz para reemplazar las hebras de oscuridad de la adicción y para arreglar los agujeros en las vestiduras del aura y los centros espirituales. Estos ángeles tejedores son expertos; una vez que reparan los agujeros, no se nota dónde había desgarros. Ellos ayudan a tejer la vestidura sin costuras, sin la cual no podemos ascender a Dios.

He aquí un llamado que puedes hacer para que los ángeles tejedores arreglen tus vestiduras.

Oración a los ángeles tejedores

En el nombre de mi Poderosa Presencia YO SOY y la amada María, llamo a los expertos ángeles tejedores para que arreglen y curen los desgarros en mi vestidura sin costuras, en mis chakras, mi aura y campo energético, toda mi conciencia, ser y mundo.

Rezo por intercesión y pido que estos ángeles tejan hebras de luz y eliminen las hebras de oscuridad producidas por las torpes siembras de esta vida o vidas pasadas.

Acepto que esto se cumpla en esta hora con pleno poder de acuerdo con la Santa Voluntad de Dios. Amén.

Kuan Yin, Madre de la Misericordia

Otra Madre Divina, preferida por muchos en Oriente, es Kuan Yin. La devoción por ella es muy profunda en China y Japón. Muchos la conocen como el tribunal de último recurso en el cielo. Su nombre significa: «Quien oye los lamentos del mundo». Cuando parezca que no puedes conseguir una respuesta de nadie más, Kuan Yin puede ser quien te pueda liberar de una situación muy difícil.

Kuan Yin es reverenciada como figura materna y mediadora divina. Muchos la consideran como una Virgen budista como María, la madre de Jesús, es la Virgen de Occidente. Kuan Yin también es una Bodhisattva, que significa que ha renunciado a los placeres de nirvana para permanecer con las evoluciones de la Tierra hasta que sean libres.

Los budistas la conocen como aquella que guía a las almas hacia la salvación a través del turbulento océano de la existencia. Está en la «barca de la salvación» y guía a las almas hacia el Paraíso Occidental, o Tierra Pura, un reino celestial de dicha. Es conocida por su capacidad de salvar a las almas que han naufragado en las orillas de la vida (una descripción exacta del estado de la adicción).

He aquí un sencillo mantra a Kuan Yin, uno de muchos que tenemos a nuestra disposición para pedir su ayuda. Este mantra se puede repetir varias veces, especialmente en múltiplos de tres:

NA-MO KUAN SHIH YIN P'U-SA*

El mantra significa: «¡Salve! (Culto al nombre sagrado de la) Bodhisattva Kuan Shih Yin».

---

* Este mantra se pronuncia: NA-MO GUAN SHE(R) IN PU-SA. (R) indica una *r* inglesa suave.

Cuando parezca que no puedes conseguir una respuesta de nadie más, Kuan Yin puede ser quien te pueda liberar de una situación muy difícil. Muchos creen que el solo hecho de repetir una y otra vez su nombre hará que ella esté a su lado instantáneamente.

Kuan Yin es conocida por sus milagros, especialmente por el milagro del corazón transformado. Podemos llamarla cuando nos sea difícil perdonar y también puede suplicar por las almas ante las cortes del cielo, implorando misericordia y una oportunidad renovada.

Se la conoce como la Bodhisattva de la Compasión y la Diosa de la Misericordia. Podemos llamarla cuandoquiera que nos resulte difícil perdonarnos a nosotros mismos o a los demás. Su llama de la misericordia nos puede ayudar a soltar dolores del pasado y empezar de nuevo.

Los devotos de Kuan Yin tienen plena fe en su gracia salvadora, y se la respeta por su gran capacidad de curar cuerpo, mente y alma. Muchos creen que el solo hecho de repetir una y otra vez su nombre hará que ella esté a su lado instantáneamente.

Exorcismo a través de la Madre Estelar

Cualquier conversación sobre herramientas espirituales que ayuden a superar la adicción no estaría completa sin Astrea, conocida como la «Madre Estelar». Astrea es un aspecto femenino de Dios, un ser cósmico entre cuyas especialidades está la de afrontar las entidades y los demonios. Cuando estés peleándote con una entidad que ya tiene sobre ti sus tentáculos, o sobre alguien que amas, no existe llamado más poderoso que el llamado a Astrea.

El potente mantra a Astrea de la siguiente página se puede utilizar en favor de cualquier persona que se encuentre atrapada en las garras de las entidades de la adicción. He presenciado resultados sobresalientes de liberaciones milagrosas cuando se han reunido grupos de gente para recitar esta oración juntos. Muchas personas han sido liberadas permanentemente de todas las formas de la adicción por el Arcángel Miguel y Astrea, que blanden sus espadas de llama azul para atar a las entidades y los demonios que hay detrás de la adicción.

Cuando estés peleándote con una entidad que ya tiene sobre ti sus tentáculos, o sobre alguien que amas, no existe llamado más poderoso que el llamado a Astrea.

Haz una oración personal después del preámbulo de este decreto, nombrando la condición específica o la adicción (incluyendo el nombre de la entidad) con la que estés tratando.

Decreto a la Amada Poderosa Astrea

En el nombre de la amada, Poderosa y Victoriosa Presencia de Dios YO SOY en mí, Poderosa Presencia YO SOY y Santo Ser Crístico de toda la humanidad, por y mediante el poder magnético del fuego sagrado investido en la Llama Trina que arde dentro de mi corazón, invoco a los amados poderosos Astrea y Pureza, todo el Espíritu de la Gran Hermandad Blanca y la Madre del Mundo, vida elemental: ¡fuego, aire, agua y tierra! para que coloquéis vuestros círculos cósmicos y espadas de llama azul en, a través y alrededor de mis cuatro cuerpos inferiores, mi cinturón electrónico, mi chakra del corazón y todos mis chakras, toda mi conciencia, ser y mundo.

[Haz tus oraciones personales ahora].

Soltadme y liberadme (3x) de todo lo que sea inferior a la perfección de Dios y al cumplimiento de mi plan divino.

1. Amada Astrea, que la Pureza de Dios
   Se manifieste aquí para que todos vean
   La Voluntad de Dios en el resplandor
   Del círculo y espada de brillante azul.

Primer Estribillo: Responde ahora mi llamado y ven
   A todos envuelve en tu círculo de luz.
   Círculo y espada de brillante azul,
   ¡Destella y eleva, brillando a través!

2. De patrones insensatos a la vida libera,
   Las cargas caen mientras las almas se elevan
   En tus fuertes brazos del amor eterno,
   Con misericordia brillan arriba en el cielo.

3. Círculo y espada de Astrea, brillad,
   Blanco-azul que destella, mi ser depurad,
   Disipando en mí temores y dudas,
   Aparecen patrones de fe y de bondad.

Segundo Estribillo: Responde ahora mi llamado y ven,
A todos envuelve en tu círculo de luz.
Círculo y espada de brillante azul,
¡Eleva a toda la juventud!

Tercer Estribillo: Responde ahora mi llamado y ven
A todos envuelve en tu círculo de luz.
Círculo y espada de brillante azul,
¡Eleva a toda la humanidad!

¡Y con plena Fe acepto conscientemente que esto se manifieste, se manifieste, se manifieste! (3x), ¡aquí y ahora mismo con pleno Poder, eternamente sostenido, omnipotentemente activo, siempre expandiéndose y abarcando el mundo hasta que todos hayan ascendido completamente en la Luz y sean libres! ¡Amado YO SOY! ¡Amado YO SOY! ¡Amado YO SOY!

Después de recitar el preámbulo, haz las estrofas 1, 2 y 3 seguidas cada una del primer estribillo. Después haz las estrofas 1, 2 y 3 seguidas cada una del segundo estribillo. Después haz las estrofas 1, 2 y 3 seguidas cada una del tercer estribillo. Repite este modelo tantas veces como desees y luego termina con el final para sellar la acción del decreto.

Kuthumi, el maestro psicólogo

Hay un maestro celestial que es experto en ayudar a la gente a superar las adicciones. Se llama Kuthumi. Muchas personas lo conocen por su encarnación como Francisco de Asís, uno de los amados santos de Occidente. Puedes llamarlo pidiendo paz, iluminación y entendimiento.

Kuthumi puede ayudarte con cualquier problema personal: mental, emocional, físico, espiritual o psicológico. Tiene un regalo especial que entregar, que consiste en ayudarte con tu salud y curación física y también con tu psicología personal o circunstancias kármicas. Puedes pedirle que acompañe a cualquier psicólogo, asesor o profesional de la salud con quien estés trabajando.

Este amado maestro comprende la condición humana y la naturaleza del yo inferior. También ve a tu Yo Superior y todo lo que ya eres desde una perspectiva espiritual. Desea que te conviertas en quien realmente eres. Su aura suave y llena de paz ofrece consuelo y fuerza. Una sencilla oración le dará permiso para entrar en tu corazón y en tu mundo. Si recitas su decreto, llamado «YO SOY luz», él te podrá ayudar aún más.

Mucha gente ha utilizado esta afirmación como ayuda para superar la adicción. Al recitarlo, visualiza, con el poder de tu imaginación, los hermosos conceptos que este decreto contiene de forma tan vívida como puedas. Siente cómo estos se vuelven reales dentro de ti mientras pronuncias las palabras. Ve cómo el poderoso río de luz se traga cualquier cosa oscura.

Repite esta oración como mantra hasta que sientas que su objetivo se ha realizado dentro de ti. Luego vuelve a hacerlo diariamente o con más frecuencia según sientas la necesidad, para que el modelo

Tiene un regalo especial que entregar, que consiste en ayudarte con tu salud y curación física y también con tu psicología personal o circunstancias kármicas.

se fortalezca. Así construirás espirales de luz en tu aura que remplazarán las espirales de oscuridad de las costumbres negativas y las adicciones.

YO SOY luz
de Kuthumi

YO SOY luz, candente luz,
luz radiante, luz intensificada.
Dios consume mis tinieblas,
transmutándolas en luz.

En este día YO SOY un foco del Sol Central.
A través de mí fluye un río cristalino,
una fuente viviente de luz
que jamás podrá ser cualificada
por pensamientos y sentimientos humanos.
YO SOY una avanzada de lo Divino.

Las tinieblas que me han usado son consumidas
por el poderoso río de luz que YO SOY.

YO SOY, YO SOY, YO SOY luz;
yo vivo, yo vivo, yo vivo en la luz.
YO SOY la máxima dimensión de la luz;
YO SOY la más pura intención de la luz.
YO SOY luz, luz, luz
inundando el mundo doquiera que voy,
bendiciendo, fortaleciendo e impartiendo
el designio del reino del cielo.

Si alguna vez tienes la oportunidad de visitar el pueblo de Asís,
allí sentirás la poderosa presencia llena de paz de San Francisco.
Pero no te hace falta ir a Italia para sentir su presencia. Al recitar
esta oración, no solo estarás llamado a la luz de tu Presencia YO
SOY, también estarás formando un lazo con el corazón de Kuthumi,
de quien son estas palabras, y su impulso acumulado de luz puede
fortalecerte para superar todas las adicciones y los problemas en tu
vida.

Esto es cierto de todas las oraciones y mantras que los grandes
maestros han entregado: pronunciar sus palabras atrae su presencia,
conectándonos con su impulso acumulado de luz.

Cambio transfigurante

Casi todo el mundo con quien me encuentro que está luchando contra alguna adicción quiere cambiar. La mayoría de ellos anhelan tener otra oportunidad desde el principio, comenzar de nuevo. El siguiente mantra invoca la luz de la transfiguración, una experiencia de la vida de Jesús. La Biblia dice que, en el monte de la transfiguración, el rostro de Jesús brilló como el relámpago y sus vestiduras se volvieron blancas y resplandecientes. La luz de su Presencia YO SOY descendió y toda su forma cambió, incluso la ropa que llevaba puesta.

Nosotros también podemos experimentar un cambio transfigurante. Podemos pedir que la luz de nuestra Presencia YO SOY transforme nuestra oscuridad en luz. Puede que no sintamos un cambio instantáneo, como Jesús, pero día a día podemos quitarnos los viejos vestidos y ponernos la túnica, la vestidura interior, de nuestra conciencia Crística.

Transfiguración

YO SOY quien transforma todas mis prendas,
cambiando las viejas por el nuevo día;
con el sol radiante del entendimiento
por todo el camino YO SOY el que brilla.

YO SOY Luz por dentro, por fuera;
YO SOY Luz por todas partes.
¡Lléname, sáname, glorifícame!
¡Séllame, libérame, purifícame!
Hasta que así transfigurado todos me describan:
¡YO SOY quien brilla como el Hijo,
YO SOY quien brilla como el Sol!

La llama de la iluminación

En la sección sobre la marihuana, tratamos de los efectos de la droga a largo plazo sobre quienes la consumieron durante su adolescencia, incluyendo una incidencia mucho mayor de esquizofrenia diez años después o más. Otro efecto a largo plazo es una persistente monotonía y depresión. Muchas personas que han renunciado a esta droga descubren que necesitan meses o años para volver a pensar con la claridad que tenían antes de consumir la droga.

Estos efectos son signos de los efectos físicos sobre el cerebro de la adicción, que pueden ser el resultado de residuos químicos o interrupciones en la química o la estructura. Estos efectos químicos también reflejan lo que les ha ocurrido a los cuerpos sutiles y los chakras, que han de ser limpiados de los residuos y curados del daño.

El siguiente decreto se puede utilizar para curar la coronilla, el tercer ojo y el cerebro físico, especialmente de los efectos de las drogas de todo tipo. Es fácil de memorizar. Recítalo como un mantra a lo largo del día mientras visualizas la luz dorada del sol a tu alrededor. La llama de la iluminación es una llama muy alegre: el perfecto antídoto para la depresión y la ansiedad que con frecuencia surgen cuando se renuncia a cualquier adicción.

> Oh Llama de Luz brillante y dorada,
> oh Llama tan maravillosa de contemplar,
> YO SOY el que brilla en toda célula del cerebro,
> YO SOY el que todo lo adivina en la Luz de la Sabiduría.
> Fuente de Iluminación que fluye incesantemente
> YO SOY, YO SOY, YO SOY Iluminación.

El verdadero trabajo para superar la adicción

En general se cree que la tasa de éxito en la superación de las adicciones graves es aproximadamente de un diez por ciento. En base a su experiencia, Jenny calcula que la tasa se acerca más a un quince. Yo creo que esto refleja las limitaciones de las herramientas y estrategias que se han utilizado en la batalla contra la adicción.

Es bien sabido que la fuerza de voluntad por sí sola no basta para vencer la adicción. También vemos las limitaciones del asesoramiento y la terapia intensiva en la vida de las estrellas de Hollywood y sus múltiples visitas a la rehabilitación. Una limitación común de estos enfoques es que se nutren primordialmente de recursos humanos: la fortaleza que pueda encontrar el individuo en su interior o la destreza y dedicación de quienes quieren ayudar.

Estos factores son importantes y, con frecuencia, esenciales. Pero hay algo más que muchas veces se necesita para ganar la batalla, y eso es la dimensión espiritual y, especialmente, cómo afrontar las fuerzas invisibles que hay detrás de la adicción. Los programas de 12 Pasos abren la puerta a la ayuda espiritual animando a los participantes a entregarse a Dios y rezar pidiéndole fuerza. Esto es un buen primer paso, pero existe una ciencia

La ciencia de la Palabra hablada y la espada del Espíritu son frecuentemente la dimensión que falta en la superación de la adicción. Cualquier programa para vencer la adicción será de lo más efectivo si tiene en cuenta todos los niveles del problema: mental, emocional y físico así como espiritual.

espiritual que puede elevar todo esto hasta otro nivel. La ciencia de la Palabra hablada y la espada del Espíritu son frecuentemente la dimensión que falta en la superación de la adicción. Cualquier programa para vencer la adicción será de lo más efectivo si tiene en cuenta todos los niveles del problema: mental, emocional y físico así como espiritual.

Trataremos de algunas de las herramientas mentales, emocionales y físicas más eficaces que puedan ayudar a superar la adicción en la siguiente sección. Algunas de esas estrategias son de aplicación muy sencilla, pero pueden producir efectos sorprendentemente potentes. Sin embargo, es importante recordar que todas ellas serán más eficaces cuando se combinen con el trabajo en la dimensión espiritual.

Séptima parte

Un enfoque integrado

Curar los cuatro cuerpos inferiores

La adicción es una enfermedad que afecta a los cuatro cuerpos inferiores del hombre, por lo cual es lógico que un enfoque holístico sobre la adicción pueda aumentar tus posibilidades de éxito y reducir la alta tasa de una recaída.

En la sección anterior tratamos de las herramientas espirituales. Estas funcionan de la manera más directa en los niveles más allá del físico, especialmente con el cuerpo etérico, que es el diseño original de lo que se manifestará en los otros tres cuerpos. Sin embargo, también podemos trabajar directamente con esos otros tres cuerpos para acelerar el proceso curativo y, puesto que todos los cuerpos están conectados, el trabajar con todos ellos se producirá un efecto sinérgico.

La ciencia está empezando a comprender la miríada de conexiones entre la salud mental, emocional y física, y las terapias holísticas para facilitar la curación de la persona en su totalidad están utilizándose de una forma mucho más amplia, incluso en hospitales y centros médicos convencionales. Entre otros beneficios, estas terapias tienen el objetivo de estimular la capacidad natural que tiene el cuerpo de curarse.

Comenzaremos este estudio con algunas estrategias para la curación del cuerpo físico, que está destinado a ser el vehículo del espíritu. Funciona mejor cuando se lo apoya con una dieta sana y ejercicio.

Dieta para la curación

Muchas personas que tratan la adicción están reconociendo que la nutrición tiene un importante papel que jugar en el apoyo a la mente, el cuerpo y el espíritu en la recuperación.

Los alcohólicos y los drogadictos con frecuencia comen mal y lo que comen es muchas veces comida rápida llena de inútiles calorías faltas de nutrición. Como resultado, los adictos frecuentemente sufren una miríada de problemas: dificultades en el sistema nervioso central, como insomnio, ansiedad y agitación; se quejan de problemas gastrointestinales como la falta de apetito y una mala digestión; y muchas otras enfermedades. Todas esas cosas, junto con las deficiencias en vitaminas y minerales debido a la mala dieta, pueden empeorar la ansiedad y la depresión, lo cual a su vez conduce a un mayor deseo exacerbado de alcohol y otras drogas.

Un factor clave en el abuso de alcohol y drogas influenciado por una mala dieta es que ello impide al cuerpo procesar debidamente dos aminoácidos esenciales, tirosina y triptófano, que se necesitan para la producción de los neurotransmisores dopamina, serotonina y noradrenalina.

La tirosina se encuentra en los alimentos ricos en proteínas y es un precursor de la dopamina y la noradrenalina, que ayudan al funcionamiento mental y la lucidez. El triptófano se necesita para la producción de serotonina, que ayuda a calmar el sistema nervioso y fomenta el sueño. Estos tres neurotransmisores son esenciales para la estabilidad de las emociones, la lucidez mental y una sensación general de bienestar. El adicto necesita desesperadamente todo eso en su recuperación.

Se sabe que los adictos en recuperación sufren de depresión cuando regresan de los efectos eufóricos producidos por el consumo de la sustancia. Esto se debe a que los niveles más bajos de serotonina y dopamina, que afectan adversamente el estado de ánimo y agrava el mal comportamiento. A veces los adictos en recuperación se dan al azúcar y la cafeína para compensar, puesto que esas dos cosas producen el efecto de estimular los neurotransmisores. Eso llena el hueco temporalmente, pero también provoca el mismo problema por el cual se sufre un bajón tras los efectos iniciales. Esos cambios de humor son contraproducentes para lograr la meta de producir un funcionamiento normal en la mente y las emociones, y muchos expertos creen que el azúcar y la cafeína pueden ser como una puerta abierta para una recaída.

Las deficiencias específicas dependen en parte del tipo de adicción. Según David Wiss, fundador de Nutrition in Recovery, radicado en Los Ángeles, los adictos a los sedantes muestran frecuentemente deficiencias en calcio, vitamina D y B6, y hierro, mientras que los adictos a la cocaína muestran generalmente deficiencias en ácidos grasos omega-3 (otro nutriente esencial para la función cerebral).

Los alcohólicos muchas veces tienen deficiencias más extensivas, puesto que el alcohol hace que el cuerpo pierda grandes cantidades de nutrientes. Ravi Chandiramani, experto en tratamiento de adicciones de Scottsdale (Arizona), explica: «Normalmente vemos las deficiencias de vitamina B en alcohólicos manifestadas como anemia por deficiencia de factor. Las deficiencias de vitamina K se manifiestan como problemas de coágulos y heridas de curación lenta. Las deficiencias de vitamina C y las deficiencias minerales también pueden dar como resultado una curación lenta de las heridas y dificultades en el sistema inmunológico».

Se necesita tiempo para reconstruir los tejidos del cuerpo y los sistemas de órganos que han sido dañados por la adicción y el estilo de vida que la acompaña. Los nutricionistas recomiendan una dieta alta en proteínas, compuestos de carbohidratos y grasas sanas, así como otros nutrientes esenciales. Muchos nutricionistas también recomiendan reducir o eliminar el consumo de cafeína y azúcares refinados debido a los efectos desestabilizadores que tienen en la química cerebral.

Las vitaminas y los suplementos frecuentemente ayudan a afrontar las deficiencias nutricionales causadas por la adicción y una mala dieta, especialmente las vitaminas B y el ácido fólico. Los suplementos diarios de vitamina D pueden ser beneficiosos, puesto que este nutriente es clave para muchos sistemas del cuerpo. Los aceites omega-3 juegan un papel importante en la normalización de la función de las células nerviosas del cerebro y ayudan a estabilizar el estado de ánimo. Grandes dosis de vitamina C así como encimas digestivas y otros suplementos específicos recomendados por un nutricionista cualificado pueden aumentar grandemente el adecuado funcionamiento del cuerpo y el alivio de los síntomas.

A largo plazo, el valor nutricional más alto de los alimentos integrales (sin procesar o refinar) y las frutas y verduras orgánicas es especialmente importante en la recuperación. Aprender a preparar comidas a partir de ingredientes de calidad tiene unos beneficios claros y, con frecuencia, ese tipo de comidas salen menos costosas que cuando dependemos de alimentos procesados o comida rápida. El ritual diario de preparar la comida también ayuda a lograr cierto grado de asentamiento y estabilidad en la vida.

Victoria Abeil, fundadora del Center for Addiction Nutrition, dice: «La nutrición junto con la psicoterapia puede tener un impacto dramático y duradero cuando trabajo con clientes con trastornos adictivos. Sirve para curar el cuerpo, así como la mente y el espíritu».

Comer es algo que todos hacemos todos los días. Comer bien es algo que puedes decidir hacer para ti mismo y si tomas esa decisión, pronto verás el impacto positivo en cómo te sentirás y comportarás, así como en la mejora en el funcionamiento de tu cuerpo. El hecho de preparar la comida en sí puede ser una experiencia curativa si lo haces con amor y consideración.

Cuando te sientes bien y tienes mejor apariencia por las decisiones diarias que tomas, ello refuerza otras decisiones correctas en tu vida. Un plan de comida sana y nutrición de apoyo combinado con ejercicio y otras terapias para el cuerpo y la mente pueden suponer una base importante para establecerse rumbo a la recuperación y a no volver a las drogas, el alcohol y otras adicciones.

Ejercicio

Muchos exadictos se están dando cuenta de que el ejercicio es una parte importante de su recuperación y muchos centros para el tratamiento de adicciones tienen como una clave de sus programas el mantenerse en forma. Jennifer Dewey, directora de condición física en el Betty Ford Center de Rancho Mirage (California), explica que el ejercicio es «uno de los componentes esenciales para mantenerse sobrios».

El ejercicio puede ser una distracción útil para no obsesionarse con una adicción, pero es mucho más que eso. El ejercicio puede realmente ayudar a los adictos a superar la carencia física y emocional. De hecho, un estudio observó que el ejercicio disminuye los deseos exacerbados y el consumo de drogas más de un 50 por ciento, incluso sin ningún otro tratamiento.

Parece que esto sea el resultado, en parte, de los efectos benéficos del ejercicio sobre la química del cerebro. Nuestro cerebro experimenta una recompensa química con las adicciones (tanto las de comportamiento como las químicas) y el ejercicio puede proporcionar una alternativa, una recompensa más sana, al aumentar los niveles de dopamina en el cerebro de una manera natural y equilibrada, lo cual aumenta los sentimientos de placer y disminuye los niveles de ansiedad y tensión. Es decir, el ejercicio proporciona un efecto natural para sustituir al de la adicción.

Es bien sabido que el ejercicio es un antidepresivo natural. Los estudios muestran que durante la recuperación de la adicción, el ejercicio ayuda a los adictos a lidiar con los pensamientos obsesivos y a superar la depresión. Además, el ejercicio mejora el sistema inmunológico, ayuda a eliminar toxinas del cuerpo, mejora la circulación y quema el peso adicional que muchos adictos ganan durante su fase adictiva. El ejercicio mejora la salud en general y la salud cardiovascular. Ayuda a regular el sueño, que con frecuencia es un problema para los adictos. Algunos exadictos cuentan que el ejercicio los mantiene estables en su estado de ánimo y los ayuda a mantener una actitud positiva, lo cual les facilita el seguir en recuperación.

Otro aspecto importante del ejercicio es que con frecuencia implica un contacto social y trabajo en equipo. Al unirse a un grupo de gente que haga ejercicio junta, los adictos en recuperación pueden hacer nuevos amigos y entrar en contacto con gente que tiene un estilo de vida más sano y que los puede animar a ponerse nuevas metas y a cumplirlas.

Los adictos en recuperación también reportan que disfrutan de la estructura que da el ejercicio. Un programa de ejercicio, por su naturaleza, te ayuda a mantener un horario, a organizarte mejor la vida y a mantenerte activo mientras creas y realizas tus metas. Ello ayuda a desarrollar la responsabilidad, que es algo que muchas veces falta en la vida de los adictos. Un programa de ejercicios ofrece a la gente algo que hacer en esas horas que, de otra forma, serían de ocio, cuando podrían verse bajo la tentación y recaer.

Cualquier clase de ejercicio puede ser beneficioso: correr, deporte en equipo, pesas, yoga, kickboxing, Pilates, hacer ejercicio en un club, dar paseos por la naturaleza o dar largas caminatas. No ha de ser complicado. Los estudios muestran que los clientes que incorporan el ejercicio a su programa de rehabilitación consumen drogas mucho menos. Además, se ven y se sienten mejor, tienen más energía y dicen que su calidad de vida ha mejorado mucho.

Algunos comentadores han hecho la observación de que hay exadictos que comienzan a hacer ejercicio y se obsesionan con él, lo cual les lleva a preguntarse si simplemente estos no han sustituido una adicción con otra. Aunque eso fuera cierto, sustituir una adicción dañina como las drogas o el alcohol con otra sana como el ejercicio supondría un buen paso. (Sería una excepción el caso de un trastorno en el comer, en el que demasiado ejercicio podría ser parte de la propia adicción).

Incluso con todos sus beneficios, la mayoría de los expertos dicen que el ejercicio no lo cura todo. Si te obsesionas con el ejercicio pero no pones atención para aprender sobre ti mismo, no conseguirás el mismo grado de curación que podrías tener si también buscaras la resolución del dolor emocional y otros problemas que subyacen a la adicción. Sin embargo, se ha comprobado que el ejercicio mejora las probabilidades que tiene el adicto de conseguir dejar la adicción, y una mente libre de drogas y un cuerpo sano son una base mucho mejor para un trabajo más en profundidad.

Dan Cronin, un intervencionista de la adicción en Pasadena que utiliza el ejercicio como elemento clave de sus programas, dice: «Veo gente que no solo se siente mejor consigo misma, sino que se siente mejor con todo».

Una organización llamada Phoenix Multisport, una comunidad de apoyo para personas que se están recuperando de abuso de sustancias, dirige un programa innovador. Se concentra en el deporte y en estar en forma, haciendo cosas como escalar, dar caminatas, esquiar, correr, ejercicio para fortalecerse, yoga, montar en bicicleta de montaña o de carretera, junto con eventos sociales y otras actividades.

Si no vives cerca de alguna de las instalaciones de esta organización, hay clubs de salud y ejercicio en todas las ciudades de los Estados Unidos. Los parques y los departamentos de recreo en los gobiernos municipales muchas veces tienen directorios de clubs dedicados a una multitud de deportes.

Yoga

El yoga fortalece a los adictos en recuperación para hallar un punto dentro de sí lleno de paz y tranquilidad. Es una herramienta que pueden utilizar en cualquier momento para permanecer bien asentados y que les ayude a manejar la ansiedad, la tensión o la depresión.

No tienes que ser un experto ni tener muchísima flexibilidad para sentir los muchos beneficios del yoga. Hasta simples posturas pueden servir de mucho. La gente reporta sentirse en paz, reconfortada y liberada a medida que aprende a sentarse en silencio, concentrarse en la respiración, moverse suavemente, así como calmar el cuerpo y la mente.

Las instalaciones de rehabilitación más privadas ofrecen algún tipo de yoga o algún programa de concienciación cuerpo-mente. Jennifer Dewey del Betty Ford Center explica algunos de los beneficios de esos programas: «La adicción se lleva a la persona fuera de su cuerpo y le impide conectarse con quiénes son físicamente y sentir lo que su cuerpo les dice. El yoga es una muy buena forma de reintroducir lentamente a alguien a la sensación física. También es muy relajante».

El Yoga puede ayudarte a ponerte en sintonía con las pistas que tu cuerpo te da y te ayuda a ser más consciente de tus respuestas. Un mecanismo puede ser la regulación de dos hormonas del estrés, cortisol y adrenalina, que con frecuencia abundan en las personas que están lidiando con el abuso de sustancias, los trastornos relacionados con la ansiedad, la depresión y los trastornos de estrés postraumáticos.

Si uno está menos estresado, puede tomar decisiones mejor. También se sentirá menos impulsado a buscar sustancias u otras adicciones como medio de escape de las presiones de la vida diaria.

Meditación

La meditación posee la capacidad de calmar la mente, relajar el cuerpo, tranquilizar el alma y el espíritu; beneficios que pueden ayudar a todos, pero especialmente a quienes buscan vencer la adicción.

Cualquiera puede aprender a meditar. La gente lleva practicando la meditación miles de años en muchas tradiciones, en Oriente y Occidente, pero no has de pertenecer a ninguna religión, cultura o sendero espiritual para meditar. Las técnicas básicas son tan sencillas que cualquiera puede aprenderlas. Puedes elegir una técnica de meditación que encaje con tu estilo de vida y creencias.

La meditación funciona mejor si la puedes incluir en tu rutina diaria. La práctica comienza con aquietar la mente y concentrarse en un pensamiento o una idea en concreto. Comienza con una sesión de cinco minutos una vez al día y ve progresando a partir de ahí. Una sesión de veinte minutos dos veces al día es ideal, pero no se trata de competir con otras personas ni de sentirse culpable si no meditas lo suficiente. Se trata de ser amable contigo mismo, apreciando lo que puedes hacer y sabiendo que eso puede marcar la diferencia.

Los beneficios de la meditación están bien documentados. Se ha demostrado que ayuda a aliviar el dolor, la incapacidad de dormir y sirve a la hora de manejar las tensiones de la vida diaria. La meditación ayuda a la concentración, la memoria y la capacidad de mantener un sentimiento de calma.

Algunos estudios muestran que los adictos en recuperación que aprenden a meditar tienen unos niveles de recaída más bajos y unos resultados más positivos. La meditación es aún más eficaz cuando se la combina con el ejercicio físico. Los adictos reportan

138

que la meditación en combinación con el yoga o la práctica china del «chi kung» (que en sí mismo incorpora técnicas de meditación) produce menos deseos exacerbados y menos síntomas relacionados con la adicción.

Existen varios motivos por los que la meditación es tan eficaz. Los neurocientíficos están descubriendo que la meditación puede causar cambios positivos incluso en la estructura física del cerebro, reconectando vías nerviosas esenciales. Los estudios han observado que las personas que meditaron treinta minutos al día durante ocho semanas mostraron un aumento de materia gris en partes del cerebro asociadas con el aprendizaje, la memoria, la percepción de uno mismo y la introspección, así como una disminución de materia gris en zonas del cerebro conectadas con la ansiedad y el estrés.

Todo esto se traduce en ser menos reactivo ante situaciones difícil y tensas, respondiendo de una forma más reflexiva y tomando decisiones mejor. Estas son capacidades esenciales para quienes buscan superar la adicción, porque el estrés y la ansiedad con frecuencia producen recaídas. Si ralentizas la respiración, calmas los nervios, te sientes menos tenso o ansioso y reduces esos constantes pensamientos y sentimientos negativos, tendrás menos probabilidades de buscar la sustancia que consumiste en el pasado.

Y más allá de los beneficios físicos, mentales y emocionales, también hay beneficios espirituales. Muchas personas que persiguen la meditación en base a una tradición espiritual descubren que esta les ayuda a sentirse conectadas con un poder superior y la fortaleza que consiguen les ha ayudado a seguir con su programa de recuperación.

Por tanto, haz tiempo todos los días para meditar. Mantente enfocado. Sigue respirando. Encuentra ese punto de paz en tu interior. Haz que la conciencia plena y la meditación formen parte de tu vida.

Hay varias aplicaciones móviles que ofrecen una buena introducción a técnicas sencillas junto con meditaciones guiadas, que es una buena forma de comenzar una práctica diaria. Lo bueno es que solo unos minutos al día pueden marcar la diferencia.

Una meditación sencilla

Encuentra un lugar tranquilo donde te puedas sentar cómodamente sin ser molestado. Apaga el teléfono y cualquier otra cosa que pueda distraerte.

Cierra los ojos.

Respira profundamente varias veces y luego establece un ritmo natural de respiración.

Observa cómo la respiración entra y sale de tu cuerpo.

Elige algo en lo que concentrarte en tu meditación: una imagen o un mantra.

Una imagen o una forma de pensamiento puede ser cualquier cosa que tú quieras. Puede ser simplemente la imagen del sol o una rosa, tu santo o maestro preferido o algo tan complejo como los tangkas que usan para meditar los budistas tibetanos. Manteniendo ese pensamiento en la mente, haz que sea tan real como te sea posible. Si estás visualizando el sol, ve el resplandor de la luz, siente el calor de sus rayos sobre la piel.

Un mantra para la meditación puede ser una simple frase u oración, como el OM o YO SOY EL QUE YO SOY o una cualidad de Dios, como PAZ. Oye la repetición de ese sonido suavemente en tu mente, como si estuvieras oyéndolo decir a otra persona. Al oírlo, también has de *sentir* la cualidad asociada al sonido.

Manteniendo esa imagen o sonido, obsérvate a ti mismo y a tu cuerpo, así como tus respuestas y reacciones.

¿Tu cuerpo se siente incómodo? Simplemente obsérvalo.

¿Tu mente se desvía y empieza a vagar? ¿Tu atención se dirige a otra cosa? Obsérvalo también.

No te preocupes ni te sientas culpable si surgen otros pensamientos, simplemente vuelve a dirigir la atención hacia el punto de tu meditación.

Al final del período de meditación (cinco minutos, diez minutos o tanto como quieras) abre los ojos y devuelve la conciencia al espacio que te rodea.

Consejos para la meditación

La gente piensa muchas veces que una meditación solo se consigue con éxito si eres capaz de permanecer concentrado por completo sobre una cosa sin que la mente se desvíe. Sin embargo, el que la mente se desvíe forma parte del proceso.

Durante la meditación pueden surgir pensamientos y la mente puede desviarse; simplemente sé consciente de ello tal como lo eres de lo que ocurre durante la meditación. Si estás meditando y tienes un sentimiento o un pensamiento o una sensación en el cuerpo, simplemente obsérvalo, reconócelo, nómbralo y, sin juzgar, deja que pase. No lo retengas, vuelve suavemente a ser consciente de tu respiración y del punto de tu meditación.

La meditación funciona mejor si la puedes incluir en tu rutina diaria. Comienza con una sesión de cinco minutos una vez al día y ve progresando a partir de ahí. Una sesión de veinte minutos dos veces al día es ideal. Lo bueno es que solo unos minutos al día pueden marcar la diferencia.

Otra idea equivocada sobre la meditación es que debe producir algún tipo de experiencia trascendente o mística. Algunas personas viven esas cosas, pero la mayoría no; en cualquier caso, eso no es lo importante.

Esta sencilla forma de meditación no quiere intentar alcanzar estados místicos. Es tan solo un intento de estar en quietud un tiempo y ser consciente de tu cuerpo, tus pensamientos y tus sentimientos.

Conciencia plena

Muchos centros de tratamiento de las adicciones ahora utilizan un elemento clave en sus programas. Una premisa básica de este enfoque es que, en vez de intentar evitar o suprimir el fuerte deseo hacia la adicción, se anima a la persona a que ponga atención a la sensación física, a que observe cómo se manifiestan los deseos, a aceptarlos y a, simplemente, dejarlos marchar. Se reconoce el deseo, pero no se actúa en consecuencia. Las técnicas que se basan en la conciencia plena son un medio de establecer nuevos modelos en los cuerpos mental y emocional para sustituir los antiguos modelos de la adicción.

Hay un libro excelente que explora este enfoque sobre la adicción: *Una recuperación con conciencia plena: un sendero espiritual para curarse de la adicción (Mindful Recovery: A Spiritual Path to Healing from Addiction)*, de Thomas and Beverley Bien. Entre las técnicas de que trata se encuentra la de llevar un diario.

En este libro se presenta esta herramienta como vehículo para la transformación, así como un medio útil para poder dar seguimiento al progreso que se va realizando y observar los altibajos. Escribe en tu diario cuando las cosas van bien y afirma el progreso que estás haciendo.

También escribe cuando las cosas no van bien, porque hay mucho que aprender de los contratiempos. «Si escribes sobre una recaída —dicen los escritores— es importante afrontar los pensamientos, y los acontecimientos que condujeron a ello e identificar alternativas. ¿De qué otra forma se puede ver la situación que provocó la recaída, y otras parecidas? ¿Qué otra cosa podrías haber hecho o pensado?». Examinar los modelos significa que puedes aprender de ellos. Esto posibilita el cambio.

Los Bien dicen: «De vez en cuando sirve mirar en el diario para obtener una perspectiva sobre el transcurso y el movimiento de tu vida con el paso del tiempo». Al hacer esto, puedes comenzar a ver surgir algunas ideas subyacentes. Los escritores destacan la práctica de llevar un diario sin juzgarse a uno mismo pero explorando los pensamientos y sentimientos propios, especialmente en lo relacionado a la tentación de recaer o a una recaída que se ha producido. «Tu diario es un amigo que siempre te acompaña».

Si te encuentras en una situación de estrés, el poner la atención en la respiración y respirar más despacio y profundamente cambiará el estado mental en que te encuentres, permitiéndote afrontar el estrés desde una posición en la que tendrás más paz y estarás más centrado.

Ser consciente de la respiración es un tema común en las prácticas con conciencia plena y en la meditación. Tu respiración siempre está ahí y puedes sintonizarte con ella en cualquier momento. Con tan solo observar tu respiración, volverás al presente en vez de remover el pasado o preocuparte por lo que pueda ocurrir en el futuro. Como dice Bien: «Necesitamos formas de estar presentes en la vida tal como es, en vez que como preferimos que sea».

Al observar tu respiración también podrás ver cuál es el estado de tu mente aun antes de que seas consciente de ello. La tensión y el estrés provocan una opresión en el pecho y una respiración más corta: una reacción psicológica natural.

Lo bueno que tiene trabajar con la conexión cuerpo-mente es que funciona en ambos sentidos. Si te encuentras en una situación de estrés, el poner la atención en la respiración y respirar más despacio y profundamente cambiará el estado mental en que te encuentres, permitiéndote afrontar el estrés desde una posición en la que tendrás más paz y estarás más centrado.

El libro de Thomas y Beverley Bien, *Una recuperación con conciencia plena*, también contiene excelentes claves sencillas sobre cómo meditar y cómo ser plenamente consciente cuando se está pasando por la recuperación.

Otras terapias holísticas

Existen muchos métodos holísticos como ayuda para curar la adicción. Muchos de ellos no solo funcionan en el cuerpo físico, sino en el sistema de energía sutil del cuerpo. Todo puede ayudar a afrontar las muchas tensiones asociadas con la adicción y también a curar los desequilibrios subyacentes que pudieran haber sido un factor en la formación de la adicción.

La acupuntura, la medicina herbolaria, la aromaterapia, la homeopatía, los remedios con flores de Bach, el masaje y el tratamiento quiropráctico han demostrado ser todos ellos adjuntos para apoyar al cuerpo, la mente y el espíritu a través del proceso de recuperación. He aquí algunos ejemplos de cómo esas técnicas pueden servir de ayuda para curar la adicción.

Acupuntura

La acupuntura es una forma de medicina tradicional china que puede utilizarse para corregir el flujo de energía por los meridianos del cuerpo, que son las vías por las que nuestra energía vital («qi» o «chi») viaja hacia los órganos y por todo el cuerpo.

Uno de los efectos de las adicciones de todo tipo es que perturban el flujo del «chi» a través del cuerpo, provocando un flujo intenso y luego dejando el cuerpo vacío y con el «chi» estancado. Al restaurar el correcto flujo de energía, la acupuntura puede ayudar a restaurar el equilibrio y curar el daño o la aflicción.

Medicina herbolaria

Las medicinas herbolarias se pueden utilizar para curar el cuerpo, despejar la mente y calmar el alma. Las hierbas con frecuencia actúan de manera sinérgica en el cuerpo y, combinadas correctamente, pueden ser un adjunto eficaz para la curación de los efectos mentales y emocionales de la adicción. Un naturópata o herborista experimentado puede ayudar a determinar el uso adecuado para cada persona.

Aromaterapia

La aromaterapia que utiliza aceites esenciales es una forma fantástica de apoyar la curación en todos los niveles. Los aceites esenciales se destilan de las raíces, las hojas, las flores o las semillas de las plantas. Se han utilizado en todas las épocas para promover la salud y el bienestar.

Las personas que están lidiando con una adicción sufren muchas formas de estrés y, con frecuencia, tienden a sufrir infecciones y toda clase de síntomas físicos, mentales y emocionales. La aromaterapia puede ofrecer apoyo al cuerpo de varias maneras, incluyendo la relajación cuando es necesaria, la estimulación de la circulación para la curación física y la mejoría de la función inmunológica. Los aceites pueden aliviar el estrés, luchar contra las infecciones y aliviar el dolor. La correcta elección o combinación de aceites esenciales puede ayudar a fortalecer el cuerpo para que pueda curarse a sí mismo en todos los niveles. El incienso, el aceite de nardo y el de flores de naranjo pueden ser de especial ayuda para las personas en recuperación.

El *incienso* mejora el sistema inmunológico, promueve la percepción espiritual, ayuda en la meditación y puede apoyar un ajuste de actitud que sirve de mucho al afrontar una enfermedad difícil como el alcoholismo o la adicción.

El *nardo* es una hierba medicinal utilizada tradicionalmente para nutrir y regenerar la piel. El nardo también es conocido por su capacidad de ayudar al alma a pasar por iniciaciones difíciles, incluyendo la noche oscura del alma y la noche oscura del Espíritu. Tiene una fragancia única y potente.

La *flor de naranjo* es un aceite esencial muy útil para levantar el ánimo y eliminar los problemas mentales y emocionales que invaden a muchos adictos y alcohólicos. La flor de naranjo se usa para quitar la depresión y la ansiedad, para calmar los nervios crispados, relajar los músculos y manejar el estrés. También tiene unos potentes efectos psicológicos. Este aceite nos puede ayudar a estar en el momento y a permanecer en calma y concentrados. Puede fortalecer y estabilizar las emociones además de proporcionar alivio ante las situaciones que aparentemente no tienen esperanza; adecuado para alguien que está en recuperación de alguna adicción.

Existen muchos más aceites a nuestra disposición y puedes estudiar y experimentar para descubrir cuáles son los más eficaces para ti.

Homeopatía

Los remedios homeopáticos se pueden utilizar para restaurar el equilibrio de los campos energéticos sutiles del cuerpo. El arte y la ciencia de la homeopatía, bien administrada por un homeópata cualificado, puede tener profundos efectos curativos en muchos niveles.

Remedios con flores de Bach

Los remedios con flores de Bach pueden refinar nuestro estado emocional y ayudar específicamente a afrontar una perspectiva emocional negativa. Muchas veces los adictos se sienten estancados mental o emocionalmente y tienen gran dificultad en salir de ello. Estos sutiles remedios pueden ayudar a la persona a superar suave y naturalmente esos bloqueos sin ningún efecto secundario dañino. Simplemente lee las descripciones de cada remedio y los desequilibrios emocionales o mentales a que corresponden, y elige los que encajen con tus necesidades.

Masaje

El masaje y otras formas de terapia física pueden resultar reconfortantes y tener un efecto tranquilizador sobre quienes sufren de alguna adicción. Ayudan a impulsar los mecanismos de curación intrínsecos del cuerpo y tienen un efecto tranquilizador, física y emocionalmente.

Existen muchas otras terapias complementarias que han sido utilizadas para ayudar con las adicciones. Pídele a tu Yo Superior que te dirija hacia las formas de terapia más eficaces para ti.

Tu entorno

Cuando estás tratando de cambiar tu vida, debes alimentar tu mente con una dieta de pensamientos saludables. Rodéate de imágenes que refuercen lo que quieres ser, antes que mirar atrás de donde has venido.

Si estás intentando dejar las drogas, evita las películas y los programas de televisión en los que la gente utiliza drogas. Quizá debas dejar de ver televisión, la mayoría de gente estaría de acuerdo en que una dieta constante de televisión no es una forma saludable de pasar el tiempo.

A algunas personas les ayuda mucho abandonar tanto como sea posible el entorno que está conectado con la vida que quieren dejar atrás. Por ejemplo, deshacerse de la ropa que utilizabas cuando consumías drogas elimina algo que podría provocar de nuevo pensamientos y sentimientos de aquella época. También es una ruptura psicológica y simbólica con el pasado, un recordatorio del compromiso interior y una señal física de que el cambio es posible. En un nivel espiritual, ello significa eliminar del entorno aquellas cosas que aún puedan conservar la energía y la vibración de actividades del pasado.

Daniel hizo una cosa para cambiar su entorno, decidió no utilizar más una computadora. Otro hombre que intentaba romper con la adicción a la pornografía descubrió que no podía tener una computadora en su dormitorio, pero al mover la computadora al salón de la casa, donde otra gente podía ver lo que miraba, ya no sentía la tentación.

Crea un mundo a tu alrededor que refleje la nueva vida que quieres llevar y eso te ayudará también a recomponer el paisaje interior.

Dedica tiempo todos los días a estar en entornos que encajen con la curación de tus cuerpos físico, mental y emocional.

Pasar tiempo en la naturaleza puede tener un gran impacto en los estados mentales y emocionales. Los investigadores han descubierto que hasta ver vídeos de la naturaleza produce efectos notables. Algunas prisiones utilizan actualmente vídeos de la naturaleza para ayudar a los prisioneros a lidiar con las dificultades en la salud mental y emocional de la reclusión en solitario. Mejor, incluso, es salir al aire libre y sentir la naturaleza directamente.

Ahora los científicos están cuantificando algo que siempre hemos sabido intuitivamente: estar en la naturaleza es curativo para el cuerpo y el alma.

Los investigadores de Great Outdoor Lab de la universidad UC Berkeley están estudiando los efectos de la naturaleza sobre la salud psicológica y física y están hallando unos resultados sorprendentes. Por ejemplo, han documentado una reducción duradera de un treinta y cinco por ciento en los síntomas del trastorno por estrés postraumático en veteranos de guerra tras participar en un solo viaje de rafting de tres días.

Ahora los científicos están cuantificando algo que siempre hemos sabido intuitivamente: estar en la naturaleza es curativo para el cuerpo y el alma.

Amigos

Recuerdo a una amiga que vio cómo su hija tomó mal algunas decisiones. La madre me dijo: «Ojalá escogiera a sus amistades mejor». Ella veía que, bajo la influencia de sus amigas, su hija estaba empezando una vida alrededor del alcohol.

Aunque la hija bebía muy poco, estaba saliendo con un hombre que formaba parte de un grupo de gente que sí bebía y estaba en camino de convertirse en alcohólico. Acabó casándose con él y, desgraciadamente, ella y sus hijos sufrieron un verdadero infierno. Finalmente vivió un doloroso divorcio y sufrió la pérdida de su casa: su esposo se había bebido todos sus bienes. Al reflexionar en lo sucedido, se dio cuenta de que todo el dolor se debía mayormente a no haber elegido bien sus amistades.

Una de las razones para el éxito de los programas de 12 Pasos es que proporcionan un camino para crear una red de gente que no consume drogas ni alcohol.

Uno de los indicadores más seguros sobre las recaídas en la adicción es la compañía que frecuentas. Si vas con gente que bebe, es difícil no beber con ella. Si vas con gente que consume drogas, probablemente volverás a consumir drogas.

¿Qué hacer si todos tus amigos están metidos en esas actividades? Será una decisión difícil, pero romper con todo el pasado puede ser el único camino hacia un mejor futuro.

Todo el mundo necesita amigos y gente con quien relacionarse socialmente cada día; es una necesidad humana básica. Por tanto, si necesitas dejar atrás tu antiguo círculo social, es importante desarrollar uno nuevo que lo sustituya.

Una de las razones para el éxito de los programas de 12 Pasos es que proporcionan un camino para crear una red de gente que no consume drogas ni alcohol. Pero existen otras formas de crear redes sociales saludables. Ofrécete como voluntario para trabajar en algún centro de rescate de animales que tengas cerca. Hazte miembro de algún club. Haz deporte y actividades al aire libre. Encuentra un grupo de gente con metas positivas y elige a tus amistades inteligentemente.

Recuerda, tienes opciones. Si tu adicción es algo que haces con cierto grupo de gente, cambia las compañías. Salte de esa situación. ¿Te sientes incómodo al tener que contestar a las preguntas sobre por qué ya no quieres ir con ellos?

Recuerdo bien el consejo que me dio mi padre una vez, cuando estaba intentado terminar con una amistad malsana. Me miró a los ojos y me dijo: «Neroli, no tienes que dar explicaciones. No tienes que contestar. No le debes a nadie ninguna explicación. Simplemente, di que no; o sonríe sin decir nada y márchate».

Fue un buen consejo, y funcionó. Yo me fui por mi camino y esa persona pronto se olvidó de mí.

Perdón

Llegados a cierto punto en nuestra conversación, le pregunté a Daniel si había perdonado a su abuelo por meterle en la pornografía. Me dijo que sí, y yo me alegré.

El perdón libera. Cuando perdonamos estamos perdonando a las almas de quienes nos pueden haber causado algún daño. Resulta más fácil de hacer cuando comprendemos que el punto de luz dentro su alma también puede estar atrapado en hábitos o adicciones u otras cargas que les hacen actuar de forma dañina.

Pueden ser víctimas de su yo inferior, la parte de sí mismos que no es real, pero que comete la irrealidad. Esa parte se la dejamos a Dios y sus ángeles. Nosotros podemos pedir que se detengan las espirales del mal y a los ángeles que eliminen las hebras de oscuridad, la cizaña entre el trigo. Dios dice: «Mía es la venganza, yo pagaré». Podemos confiar en él para que sopese todos los aspectos de la situación a su debido tiempo y a su manera, trayendo justicia divina para todos, mientras nosotros perdonamos a las almas de quienes nos hayan podido hacer daño.

> *El perdón no es solo algo que está bien. Es una parte esencial de la curación.*

El perdón no es solo algo que está bien. Es una parte esencial de la curación. Cuando no perdonamos a alguien, estamos deteniendo el flujo de energía hacia y desde nuestro corazón y al final nosotros somos los que sufrimos. En el pasado la gente nos puede haber hecho daño, sin querer o incluso intencionadamente, pero si no podemos perdonar, el lazo que nos une a ella y su poder sobre nosotros continuará. Algunas personas definen el perdón como «renunciar a la esperanza de un pasado mejor». Si podemos perdonar, podemos ser libres.

La llama violeta también es la llama de la misericordia y puede ayudarnos a suavizar el corazón para poder perdonar. Hazlo por ti mismo, hazlo por otra persona, hazlo por la parte de Dios que vive dentro de ambos, pero es cautiva hasta que perdonamos libremente. El perdón es el primer paso del sendero espiritual, y es con frecuencia uno de los primeros pasos en la curación. Recuerda que Jesús primero perdonó a todos a quienes curó.

El siguiente mantra de llama violeta es específicamente para el perdón. Al recitarlo, envía hermosas esferas rosadas y violetas a todos con quienes hayas sido injusto y a todos quienes hayan sido injustos contigo. Envíalas especialmente a aquellas personas que tienen dificultad en perdonar. Y no te olvides de perdonarte a ti mismo.

Perdón

YO SOY el perdón aquí actuando,
desechando las dudas y los temores,
la victoria cósmica despliega sus alas
liberando por siempre a todos los hombres.

YO SOY quien invoca con pleno poder
en todo momento la ley del perdón;
a toda la vida y en todo lugar
inundo con la gracia del perdón.

Si te cuesta trabajo perdonar, ya sea a ti mismo o a otra persona, no olvides al tribunal de último recurso en el cielo, Kuan Yin. Recita sus mantras y siente cómo su amor y compasión te envuelven. Muchos son quienes han visto milagros de misericordia y perdón salir de su corazón bendito.

El camino hacia la recuperación

Algunos asesores de adicciones te dirán que la tasa de éxito es mucho más alta cuando el adicto o alcohólico está en libertad condicional o cuando su trabajo está en riesgo. Otros observan que la recuperación es mucho más difícil para los que reciben pensión por discapacidad, porque siguen recibiendo un cheque cada mes independientemente de lo que hagan con su vida. Muchos de ellos han estado recibiendo beneficios sociales y han sido adictos tanto tiempo que es lo único que conocen.

El lado esperanzador de esas observaciones es que revelan que la mente consciente posee un gran control sobre la adicción, más de lo que creemos. Si tenemos algo por lo que vivir, una meta en la vida, eso nos ayudará a reunir la voluntad de superar el magnetismo de la adicción.

Algunas personas encuentran esa voluntad cuando llegan a «lo más bajo». La elección de vivir se vuelve muy dura en ese punto y se dan cuenta de que ya no hay forma de negociar con la adicción. Pero no es necesario llegar hasta ese punto para reunir la voluntad de ser libre.

El experto en adicciones Stanton Peele cuenta la historia de un hombre de casi setenta años de edad que llevaba fumando cigarrillos desde que era un adolescente. Cuando se despertó en la cama de un hospital después de un ataque al corazón, su primer impulso fue alcanzar un cigarrillo. Su hija le dijo que, si tocaba otro, jamás volvería a hablar con él. Lo dejó al instante y no volvió a fumar jamás. El amor hacia su hija proporcionó esa voluntad que necesitaba para superar su adicción.

Pero aun cuando encuentres eso por lo que merece la pena vivir, ello no significa que vaya a ser fácil. Jenny describió los primeros tiempos de su recuperación con estas palabras: «Estás tambaleándote sobre un filo. Estás en el programa de recuperación, pero no te das cuenta de que te falta la bebida. En ese punto, la autoestima está tan baja que no te sientes digna de recibir ayuda. Eso, claro está, no es el caso».

Es importante ser realistas. La recaída puede suceder en cualquier momento, incluso después de veinte o treinta años de abstinencia. Habitualmente algo lo provoca, quizá una situación estresante, una pérdida o un contratiempo repentino en la vida. Para algunas personas fue una operación quirúrgica por la cual le recetaron un narcótico para soportar el dolor. La utilización del calmante es una necesidad médica al principio, pero luego recuerdan esa sensación y resulta difícil parar cuando la necesidad médica ya no existe.

Al hablar con gente que fue adicta sobre la posibilidad de una recaída, muchas personas tenían una historia

Desarrolla una red de apoyo, elige una dieta sana, haz algún tipo de ejercicio y busca alguna actividad que expanda la percepción de ti mismo. Elige las herramientas específicas que encajen con tu temperamento y de las que disfrutes. Y sé constante en tu trabajo espiritual.

parecida que contar. Necesitaban apoyo de una comunidad de gente de igual parecer que compartiera las mismas metas para poder tener éxito. Mucha gente considera que grupos de apoyo cono Alcohólicos Anónimos son invaluables, aun años después de la fase aguda de la recuperación.

Hablan del gran valor de tener un programa estructurado para recuperarse. Añade a eso cualquier herramienta adicional que te funcione: ejercicio, una dieta sana, suplementos, un diario, yoga, taichí, alguna forma de meditación y conciencia plena o cualquier práctica que se haya descrito aquí. Todo eso puede ser de gran ayuda, tanto a corto como a largo plazo.

Lo más importante es que, una vez que has elegido tu programa, lo mantengas con constancia. Como mínimo, incluye lo más básico: desarrolla una red de apoyo, elige una dieta sana, haz algún tipo de ejercicio y busca alguna actividad que expanda la percepción de ti mismo. Elige las herramientas específicas que encajen con tu temperamento y de las que disfrutes. Si disfrutas de ellas, será más fácil mantenerlas. Y sé constante en tu trabajo espiritual. Independientemente de qué más esté ocurriendo en la vida, mucha gente llega a un punto en el que la recaída ya no es una opción. Esas personas harán lo que haga falta para tener a la gente, los programas y las herramientas establecidas que les den las mayores probabilidades de éxito.

Jenny aconseja lo siguiente a las personas a las que asesora en su recuperación:

Recuerda, la recuperación es un programa de acción. Trabajar con un entrenador, un asesor espiritual, un patrocinador (o algunas veces las tres cosas) puede ser necesario. Esfuérzate con paciencia para mejorar. La disciplina diaria es esencial.

Aprende a vivir día a día. Esa separación ansiosa que tantos sienten todos los días dejará de controlar tu vida a medida que pase el tiempo, si aprendes de forma constructiva nuevos comportamientos y disciplinas. La llama violeta es la herramienta más poderosa en la Tierra para este tipo de transformación. Con Dios todas las cosas son posibles y, verdaderamente, es posible mover esa montaña.

Octava parte

12 Pasos hacia la libertad

Programas de 12 Pasos

Alcohólicos anónimos y sus sucursales han ayudado a mucha gente en vías de recuperación mediante sus programas de 12 Pasos. Aunque la vía de A.A. no es para todos, estos programas han sido como un irremplazable salvavidas para muchos. Los 12 Pasos son sencillos, pero de un gran efecto. He aquí la versión original publicada por Alcohólicos Anónimos:

1. Admitimos que éramos impotentes ante el alcohol, que nuestras vidas se habían vuelto ingobernables.

2. Llegamos a creer que un Poder superior a nosotros podría devolvernos el sano juicio.

3. Decidimos poner nuestras voluntades y nuestras vidas al cuidado de Dios, *como nosotros Lo concebíamos.*

4. Sin temor, hicimos un minucioso inventario moral de nosotros mismos.

5. Admitimos ante Dios, ante nosotros mismos y ante otro ser humano, la naturaleza exacta de nuestros defectos.

6. Estuvimos enteramente dispuestos a dejar que Dios nos liberase de todos estos defectos de carácter.

7. Humildemente le pedimos que nos liberase de nuestros defectos.

8. Hicimos una lista de todas aquellas personas a quienes habíamos ofendido y estuvimos dispuestos a reparar el daño que les causamos.

9. Reparamos directamente a cuantos nos fue posible el daño causado, excepto cuando el hacerlo implicaba perjuicio para ellos o para otros.

10. Continuamos haciendo nuestro inventario personal y cuando nos equivocamos lo admitíamos inmediatamente.

11. Buscamos, a través de la oración y la meditación, mejorar nuestro contacto consciente con Dios *como nosotros Lo concebíamos*, pidiéndole solamente que nos dejase conocer su voluntad para con nosotros y diese la fortaleza para cumplirla.

12. Habiendo obtenido un despertar espiritual como resultado de estos pasos, tratamos de llevar su mensaje a otros alcohólicos y de practicar estos principios en todos nuestros asuntos.

Cada uno de los 12 Pasos se puede reducir a una sola palabra:

1er paso	Honestidad
2° paso	Esperanza
3er paso	Fe
4° paso	Valor
5° paso	Integridad
6° paso	Disponibilidad
7° paso	Humildad
8° paso	Amor fraternal
9° paso	Justicia
10° paso	Perseverancia
11° paso	Espiritual
12° paso	Servicio

Si te inclinas hacia el budismo, considera los 12 Pasos como los describe Darren Littlejohn en *El budista de 12 Pasos (The 12-Step Buddhist)*:

1er paso	Aceptación
2° paso	Confianza
3er paso	Renuncia
4° paso	Autoexamen
5° paso	Honestidad con uno mismo
6° paso	Disponibilidad
7° paso	Humildad
8° paso	Perdón
9° paso	Restitución
10° paso	Admisión
11° paso	Búsqueda
12° paso	Amor incondicional

Los 12 Pasos y el sendero espiritual

Al leer los 12 Pasos, me sorprende ver la profunda espiritualidad que hay en su esencia. Los pasos te llevan continuamente a la dependencia de un poder superior. En el proceso de la recuperación a través de los 12 Pasos, muchos vuelven a las religiones que solían practicar; otros exploran nuestros senderos y tradiciones espirituales.

Jenny me habló de su perspectiva sobre la adicción y la religión: «Se dice que en la religión creemos que vamos a ir al infierno. Pero la verdadera espiritualidad es para gente que ya ha estado allí, porque la adicción es un infierno que nosotros mismos hemos creado, aunque no nos demos cuenta de ello durante un período considerable».

> *Si eres adicto como yo, tienes una elección que hacer: un estilo de vida espiritual o la adicción.*
> —DARREN LITTLEJOHN

Darren Littlejohn, autor del libro *El budista de 12 Pasos*, dice: «Si eres adicto como yo, tienes una elección que hacer: un estilo de vida espiritual o la adicción».

Me doy cuenta de que cada vez más gente está buscando senderos universales que no estén confinados a ninguna religión. Las enseñanzas de los maestros ascendidos incorporan muchos senderos espirituales, aceptando la verdad de todas las religiones del mundo, como el cristianismo, la Cábala, el hinduismo y el budismo. Las enseñanzas de los maestros también dan un nuevo significado a los 12 Pasos.

Con la ayuda de Jenny, he tomado los 12 Pasos y he integrado oraciones y mantras que complementen cada paso. Jenny cree que estas afirmaciones sin denominación pueden llevar a la gente a través de la tormenta más deprisa. Esta versión de los 12 Pasos es de A.A., por ello utiliza términos específicos del alcohol, pero los mismos principios sirven igualmente para cualquier adicción.

12 Pasos con los maestros ascendidos

1er paso *Admitimos que éramos impotentes ante el alcohol, que nuestras vidas se habían vuelto ingobernables.*

El primer paso es *Honestidad*: admitir que tienes un problema. Jenny dice: «Tu vida se vuelve ingobernable cuando deja de funcionar la sustancia médica para el dolor que antes funcionaba. Es increíble que la gente sobreviva a los ataques de pánico y la ansiedad que con frecuencia aparecen en esta fase. Hacer el sencillo mantra "¡YO SOY un ser de fuego violeta! ¡YO SOY la pureza que Dios desea!", calmará la mente».

Las personas que están lidiando con una adicción normalmente se sienten inquietas, irritadas y descontentas, presas de la ansiedad y la depresión. Para contrarrestarlo, la mente necesita concentrarse en algo a lo que pueda aferrarse. Ese es el motivo por el que un simple mantra es útil en las primeras fases de la recuperación. Cuanto más te concentres en un único decreto como este con convicción, más rápidamente cesarán los ataques de pánico.

> **¡YO SOY un ser de fuego violeta!**
> **¡ YO SOY la pureza que Dios desea!**

Este mantra se puede repetir una y otra vez hasta que descienda la calma y se establezca la tranquilidad. Incluso si te has recuperado de la adicción desde hace algún tiempo, verás que surgirán muchas cosas (circunstancias o dificultades en la vida) que te pueden devolver a un punto que te haga sentir que las cosas están fuera de control. Ese es el momento de volver a lo básico.

Jenny explica: «Este mantra de dos líneas tan sencillo puede salvarte la vida. Es el decreto más sencillo de memorizar y de recitar. Si te sientes muy molesto, escríbelo cien veces, si hiciera falta, y repítelo en voz alta cada vez que lo escribas, o simplemente ve repitiéndolo en cualquier ocasión que tengas. Guarda una imagen de la llama violeta tamaño billetera con el mantra escrito sobre tu escritorio o en el automóvil. Cuanto más lo digas, antes verás que, cuando la mente está en calma, serás capaz de pasar a la acción».

He aquí una versión más larga del mantra:

¡Luz, libérame!

¡Luz, libérame! ¡Luz, libérame! ¡Luz, libérame!
¡Luz, ordena! ¡Luz, ordena! ¡Luz, ordena, ordena, ordena!
¡Luz, exige! ¡Luz, exige! ¡Luz, exige, exige, exige!
¡Luz, irradia! ¡Luz, irradia! ¡Luz, irradia, irradia, irradia!
¡Luz YO SOY! ¡Luz YO SOY! ¡Luz YO SOY, YO SOY, YO SOY!
¡YO SOY un ser de Fuego Violeta,
YO SOY la Pureza que Dios desea!

2º paso   *Llegamos a creer que un Poder superior a nosotros*
podría devolvernos el sano juicio.

El segundo paso es *Esperanza*. Jenny lo explica: «Este es el paso en el que finalmente te das cuenta de que debe existir un poder superior. Descubres que las drogas y el alcohol ejercen un control tal sobre ti que debes encontrar a un Dios que puedas comprender y que sea superior a la sustancia tóxica que se ha convertido en tu dios».

Tu verdadera esperanza yace en tu Yo Superior, que es el poder más grande que tú al que siempre has tenido acceso. El Yo Superior está representado en la Gráfica de tu Yo Divino (véase página 34).

Tienes una poderosa Presencia YO SOY sobre ti. Tu Santo Ser Crístico es la voz interior que distingue lo que está bien de lo que está mal e indica por qué camino hay que ir. Desgraciadamente, la gente ignora esa voz de la conciencia muchas veces. Si escuchamos esa voz y seguimos sus indicaciones tendremos una clave para superar la oscuridad que intenta invadirnos.

El mantra del «Tubo de luz» sirve para pedir una resplandeciente cascada de luz a tu alrededor que te ayude a sintonizarte con esa voz interior y te escude de «otras voces», las de aquellos que quisieran derrocarte.

Tubo de luz

Amada y radiante Presencia YO SOY,
séllame ahora en tu tubo de luz
de llama brillante maestra ascendida
ahora invocada en el nombre de Dios.
Que mantenga libre mi templo aquí
de toda discordia enviada a mí.

YO SOY quien invoca el fuego violeta,
para que arda y transmute todo deseo,
persistiendo en nombre de la libertad
hasta que yo me una a la llama violeta.

3er paso *Decidimos poner nuestras voluntades y nuestras vidas al cuidado de Dios,* como nosotros Lo concebíamos.

El tercer paso es el de la *Fe*, que supone el entregarnos a la voluntad de Dios. Algunas veces las personas vacilan a la hora de dar este paso. Tienen miedo de que la voluntad de Dios sea una especie de camisa de fuerza, que no exista alegría en una vida vivida en la voluntad de Dios.

En realidad, la voluntad de Dios para cada uno de nosotros es la realización de nuestra verdadera naturaleza, nuestro diseño original interior, nuestra verdadera meta en la vida. La realización de esas cosas es la mayor fuente de alegría permanente. El sufrimiento es el resultado de no estar alineados con ese ser interior.

La voluntad de Dios es una esfera azul que ahora mismo está por encima de ti, y hay mantras que pueden ayudarte a acceder a la voluntad de Dios. Visualízala como una esfera azul formándose a tu alrededor mientras recitas los mantras invocando la voluntad de Dios en tu vida.

Recita la oración del Tercer Paso de Alcohólicos Anónimos seguida de los mantras para la voluntad de Dios, repetidos en múltiplos de tres.

Oración del Tercer Paso

Dios, me ofrezco a Ti para que obres en mí y hagas conmigo Tu voluntad. Líbrame de mi proprio encadenamiento para que pueda cumplir mejor con Tu voluntad. Líbrame de mis dificultades y que la victoria sobre ellas sea el testimonio para aquellos a quien yo ayude de Tu Poder, Tu Amor y de la manera que Tú quieres que vivamos. Que siempre haga Tu voluntad.

Mantras para la Voluntad de Dios

¡No mi voluntad, no mi voluntad, no mi voluntad
sino que se haga la tuya!

¡La Voluntad de Dios es buena!

Tu Voluntad, oh Dios, es buena. ¡Aleluya, amén!

¡He aquí! ¡YO SOY el que ha venido a hacer tu Voluntad, oh Dios!

Una vez tomada la decisión de entregar nuestra vida a Dios, él puede enviar a sus ángeles y arcángeles a que nos ayuden. Casi todo el mundo ama a los ángeles, cuyo mayor deseo es ayudarnos. Pero para eso deben recibir nuestra llamada de forma que puedan interceder. El Arcángel Miguel, capitán de los ejércitos del Señor, puede ser tu mejor amigo. Conócelo, llámalo, lo tendrás justo a tu lado.

Mantra del Arcángel Miguel para la protección

San Miguel delante,
San Miguel detrás,
San Miguel a la derecha,
San Miguel a la izquierda,
San Miguel arriba,
San Miguel abajo,
¡San Miguel, San Miguel, dondequiera que voy!
¡YO SOY su amor protegiendo aquí!
¡YO SOY su amor protegiendo aquí!
¡YO SOY su amor protegiendo aquí!

También pueden utilizar el decreto «San Miguel», en la página 100, para invocar la presencia del Arcángel Miguel a tu lado.

4° paso *Sin temor, hicimos un minucioso inventario moral de nosotros mismos.*

El cuarto paso es *Valor*. Hace falta valor para hacer un minucioso inventario personal si tu vida se ha desviado gravemente. Sócrates dijo que una vida sin examinar no merece la pena vivirse. Pero para que puedas comenzar un minucioso inventario moral sin temor, algo que muchos de nosotros no hemos hecho jamás, se necesita una humilde creencia en un poder más grande que tú. Sin esa realidad y esperanza de cambio, examinar los propios fracasos puede llegar a ser algo abrumador.

Cuando te enfrentes al miedo de lo que puedas encontrar al mirar en tu interior, prueba a hacer este mantra. El color de la intrepidez es una luz blanca brillante con un hermoso verde esmeralda. Al recitar este mantra, ve cómo esa luz blanca y esmeralda disuelve el temor, sustituyéndolo por intrepidez. Repite este mantra tanto como sea necesario en múltiplos de tres. (Este mantra también se utiliza para producir abundancia espiritual y material).

Mantra para vencer el temor

Libre YO SOY de duda y temor,
desechando la miseria y la pobreza,
sabiendo que la buena Provisión
proviene de los reinos celestiales.

YO SOY la mano de la Fortuna de Dios
derramando sobre el mundo los tesoros de Luz,
recibiendo ahora la Abundancia plena,
las necesidades de mi Vida quedan satisfechas.

Otro mantra para superar el temor es conocido como un ¡S.O.S.! espiritual. Todos los ángeles lo conocen y cuando lo oyen, saben enseguida que necesitas ayuda, que la cosa es grave y que vas en serio. Esencialmente este mantra dice: «¡Necesito ayuda y la necesito ahora mismo!». Exclámalo ante todas las dudas y miedos, ante todo lo que se quiera interponer en el camino hacia tu libertad.

¡La Luz de Dios nunca falla!

¡La Luz de Dios nunca falla!
¡La Luz de Dios nunca falla!
¡La Luz de Dios nunca falla!
¡Y la amada y Poderosa Presencia YO SOY es esa Luz!

Al ir haciendo tu examen de conciencia sin temor, incluye en él una evaluación realista de tus puntos fuertes y cualidades positivas. No los minimices ni los hagas a un lado, porque son los impulsos acumulados positivos que sobre los cuales puedes ir construyendo para superar los puntos negativos. Aunque aparezcan solo de vez en cuando en esta fase, son aspectos de tu Yo Superior que puedes alimentar y hacer crecer hasta que lleguen a ser cualidades predominantes en tu vida.

5° paso   ***Admitimos ante Dios, ante nosotros mismos y ante otro ser humano, la naturaleza exacta de nuestros defectos.***

El quinto paso es *Integridad*. Admitir nuestras equivocaciones es un paso importante, una clave para hacer cambios concretos que necesitamos en la vida.

El ritual de la confesión tiene una larga historia en el cristianismo como medio de reconciliar el alma con Dios. En la tradición católica, la confesión se realiza ante un sacerdote. En las tradiciones protestantes, esta se realiza habitualmente solo ante Dios. Pero este ritual no comenzó con el cristianismo; el buda Gautama ya lo enseño a sus discípulos.

El ritual de la confesión nos afecta tanto porque nos permite distanciarnos de las equivocaciones que hemos cometido. Nos permite mirarlas objetivamente, reconocer que existen y también comprender que no definen quiénes somos como alma.

Nuestras equivocaciones, cuando no las entregamos, se convierten en una carga muy pesada. Cuando las confesamos, las soltamos y dejamos de aferrarnos a ellas. Habiendo confesado nuestras equivocaciones, podemos aceptar el perdón, de Dios y del hombre. Recita el mantra a continuación que afirma el perdón. Repítelo todos los días y siente cómo la luz del perdón te alivia las cargas. Si haces esto, envía perdón también a todas las demás personas en tu vida, especialmente a aquellas con las que tengas dificultades.

Perdón

YO SOY el perdón aquí actuando,
desechando las dudas y los temores,
la Victoria Cósmica despliega sus alas
liberando por siempre a todos los hombres.

YO SOY quien invoca con pleno poder
en todo momento la ley del perdón;
a toda la vida y en todo lugar
inundo con la gracia del perdón.

6º paso   *Estuvimos enteramente dispuestos a dejar que Dios nos liberase de todos estos defectos de carácter.*

La importancia de este paso está en la *Disponibilidad*. Jenny dice que este paso «distingue a los hombres de los niños». Aquí es donde decidimos realmente que queremos cambiar.

Jenny aconseja a las personas atenazadas por la adicción que pregunten: «¿Qué precio tengo que pagar cada vez que llevo a cabo este comportamiento negativo de la adicción?». Ella dice que si eres honesto verás que «estas pagando un precio altísimo: tu vida, tu tranquilidad, tu familia, tu trabajo, tus relaciones, etcétera, etcétera.

Nuestros defectos son como prendas gastadas. A veces tenemos un viejo jersey que es nuestro favorito con unos cuantos agujeros, pero al estar acostumbrados a él y sernos cómodo, es difícil soltarlo. Del mismo modo, a veces nos es difícil soltar nuestros defectos simplemente porque estamos acostumbrados a ellos y, quizá, no sepamos como vivir sin ellos. Pero hasta que no los soltemos, no tendremos espacio para algo mejor con que reemplazarlos.

Al recitar el mantra de la «Transfiguración», imagínate a ti mismo quitándote esas viejas prensas, poniéndote en su lugar las prendas del Yo Superior.

Transfiguración

YO SOY quien transforma todas mis prendas,
cambiando las viejas por el nuevo día;
con el sol radiante del entendimiento
por todo el camino YO SOY el que brilla.

YO SOY Luz por dentro, por fuera;
YO SOY Luz por todas partes.
¡Lléname, libérame, glorifícame!
¡Séllame, sáname, purifícame!
Hasta que transfigurado todos me describan:
¡YO SOY quien brilla como el Hijo,
YO SOY quien brilla como el Sol!

7° paso   *Humildemente le pedimos que nos liberase de nuestros defectos.*

La *Humildad* es la esencia del séptima paso. A veces descubrimos que las repetidas humillaciones de la adicción es lo que nos fuerza a aprender algo de humildad. He aquí la Oración del Séptimo Paso de Alcohólicos Anónimos.

Oración del Séptimo Paso

Creador mío, estoy dispuesto a que tomes todo lo que soy, bueno y malo. Te ruego que elimines de mí cada uno de los defectos de carácter que me obstaculizan en el camino para que logre ser útil a Ti y a mis semejantes. Dame la fortaleza para que al salir de aquí, cumpla con Tu voluntad. Amén.

Esta oración supone un buen comienzo. Pero para ir más allá, hemos de comprender que si pudiéramos eliminar nuestros defectos, no nos haría falta que Dios lo hiciera. Parte del problema es que esos defectos están profundamente arraigados en nosotros. Para muchos de nosotros, eran mecanismos que utilizamos cuando éramos niños para poder vivir con situaciones en las que estábamos sujetos a adultos disfuncionales. Esos mecanismos nos han permitido sobrevivir en circunstancias muy difíciles, pero ya no nos sirven.

Cuando más nos concentremos en nuestros defectos, más grandes se harán. En cambio, debemos borrarlos con el borrador cósmico, la llama violeta transmutadora. Una vez hecho eso, los sustituiremos con impulsos acumulados positivos que queramos crear. Lo podemos hacer con la llama de la resurrección, una energía que devuelve la vida y la plenitud.

La llama de la resurrección es un agente purificador potente, que limpia y cura. Invócala con este mantra de la «Resurrección».

Resurrección

YO SOY la Llama de la Resurrección,
destellando la pura Luz de Dios.
YO SOY quien eleva cada átomo ahora,
YO SOY liberado de todas las sombras.

YO SOY la Luz de la Presencia Divina,
YO SOY por siempre libre en mi vida.
La preciosa llama de la vida eterna
se eleva ahora hacia la Victoria.

8° paso   *Hicimos una lista de todas aquellas personas a quienes habíamos ofendido y estuvimos dispuestos a reparar el daño que les causamos.*

El octavo paso implica el *Amor fraternal*, en el que se pasa a la acción haciendo una lista de todas las personas a las que has hecho daño. No tengas prisa por arreglar las cosas aún, simplemente concéntrate en hacer la lista. Cada situación debe ser considerada con atención. ¿Cómo hiciste daño a esa persona? ¿De qué manera?

Al escribir la lista, expande la llama del amor en tu corazón recitando este mantra de Saint Germain. Envía ese amor a todas las personas de la lista, a todos a quienes hiciste daño alguna vez y a todos quienes te hicieron daño a ti.

YO SOY la Luz del Corazón
de Saint Germain

YO SOY la Luz del Corazón
brillando en las tinieblas del ser
y transformándolo todo en el dorado tesoro
de la Mente de Cristo.

YO SOY quien proyecta mi Amor
hacia el mundo exterior
para derribar las barreras
y borrar todo error.

¡YO SOY el poder del Amor infinito
amplificándose a sí mismo
hasta ser victorioso
por los siglos de los siglos!

9º paso   ***Reparamos directamente a cuantos nos fue posible el daño causado, excepto cuando el hacerlo implicaba perjuicio para ellos o para otros.***

El noveno paso es *Justicia;* no la justicia humana, sino la de Dios. Ahora que has hecho la lista del octavo paso con todas las personas a las que has hecho daño, piensa en cómo puedes arreglar las cosas.

Ello puede ser una disculpa sincera, una remuneración económica, la satisfacción de las necesidades emocionales, arreglar las cosas con tu empleador por no ser el mejor empleado que podías haber sido, un servicio de algún tipo, devolver un objeto robado, etcétera. Piensa en cada persona individualmente y en qué podría ayudarla a curarse del daño que tú le hiciste.

Debes estar totalmente preparado para arreglar las cosas cuando la oportunidad se presente. Hay que arreglar las cosas, a no ser que hacerlo cause daño a otras personas.

Se arreglan las cosas con los demás mediante el servicio y el amor. Recuerda que no sirve hacer observaciones sobre cualquier comportamiento negativo de la otra persona, aunque tú creas que eso contribuyó a que tú te comportaras como lo hiciste. De ninguna manera acuses o culpes a nadie. Simplemente hazte responsable de tus propias acciones. Entonces podrás vivir en este mundo y ser libre. Si ocurriera que tu intento de arreglar las cosas no fuera bien recibido, simplemente acepta ese hecho, aunque te pueda doler profundamente. Y aunque no quieran recibir nada físicamente, tú puedes continuar rezando por ellos. También puedes colocar una fotografía de la persona en algún sitio para que la veas regularmente y le envíes una bendición cada vez que pases a su lado. Deséale todo lo bueno. No vuelvas, no vivas en el pasado, tan solo sigue adelante en oración y en paz. Con el tiempo, podrían cambiar de actitud.

En algunos casos no tendrás ni idea de dónde se encuentra una persona en particular. Puede que algunas de ellas hayan hecho la transición hacia otros mundos. No podrás servir a tales personas físicamente, pero puedes aliviar sus cargas espiritualmente enviándoles la llama violeta. Visualiza esferas de llama violeta con alas a los lados, volando hacia cada una de las personas, estén donde estén en la octava que sea. La llama violeta posee su propia inteligencia innata. Sabe a dónde ir, allá donde esté esa persona.

Cuando quieras arreglar las cosas con los demás, recuerda que el ingrediente más importante de tu servicio es el amor que pongas en él. Después viene la sabiduría para saber cómo expresar mejor ese amor. Finalmente está la acción que hace de ese amor y esa sabiduría algo tangible. Los siguientes mantras te pueden ayudar a otorgar la llama violeta a todo esto.

Corazón

¡Fuego Violeta, divino Amor,
arde en este, mi corazón!
Misericordia verdadera Tú eres siempre,
mantenme en armonía contigo eternamente.

Cabeza

YO SOY Luz, tú, Cristo en mí,
libera mi mente ahora y por siempre;
Fuego Violeta brilla aquí,
en lo profundo de esta, mi mente.

Dios que me das el pan de cada día,
con Fuego Violeta mi cabeza llena.
Que tu bello resplandor celestial
haga de mi mente una mente de Luz.

Mano

YO SOY la mano de Dios en acción,
logrando la Victoria cada día;
para mi alma pura es una gran satisfacción
seguir el sendero de la Vía Media.

10° paso *Continuamos haciendo nuestro inventario*
personal y cuando nos equivocamos lo admitíamos
inmediatamente.

El décimo paso es *Perseverancia*. Continuamos. Continuamos auto-
evaluándonos y haciendo un examen de conciencia. En este paso nos
comprometemos a permanecer afianzados a la realidad; ya no nos
permitimos pretender que las cosas van bien cuando no es así.

Un período de reflexión cada día con un diario puede ser una
forma de mantener este compromiso, y tiene muchos más beneficios.
El siguiente mantra puede ayudarnos a mantener ese sentido interior
de dirección en la vida.

Dirección Divina

Vida de dirección Divina YO SOY,
enciende en mí tu luz de la verdad.
Concentra aquí la perfección de Dios,
líbrame de toda discordia ya.

Guárdame siempre muy bien anclado
en toda la Justicia de tu plan sagrado,
¡YO SOY la presencia de la perfección
viviendo en el hombre la vida de Dios!

También es importante llamar a los ángeles para que nos ayuden, para que se encarguen de todas las fuerzas invisibles que quieren desviarnos de ese compromiso. Debemos lidiar con esas fuerzas a diario —la causa detrás de la adicción— y para ello necesitamos la poderosa presencia de Miguel, Príncipe de los Arcángeles.

La oración al Arcángel Miguel del Papa León es una de las oraciones más poderosas para el exorcismo de las fuerzas de la adicción y las fuerzas oscuras que atacan a nuestras familias. Con esta sencilla oración se han hecho milagros.

Repítela nueve veces o más cada día. Es bueno hacerlo por la mañana temprano, antes de que nadie de la familia haya comenzado el día, porque sellará el lugar donde habita el mal y te liberará a ti y a tu familia de las fuerzas invisibles que se dirigen contra ti.

Oración al Arcángel Miguel del Papa León

San Miguel Arcángel, defiéndenos en Armagedón, sé nuestro amparo contra las maldades e insidias del demonio; rogamos humildemente que Dios lo reprenda, y que tú, oh Príncipe de las huestes celestiales, por el poder de Dios, ates a las fuerzas de
la Muerte y del Infierno, la progenie de Satanás, la falsa jerarquía anti-Cristo y todos los espíritus malignos que rondan por el mundo en busca de la ruina de las almas, y los encarceles en la Corte del Fuego Sagrado para su Juicio Final [incluyendo a _____].*

Arroja a los seres oscuros y su oscuridad, a los malhechores y sus malas palabras y obras, causa, efecto, registro y memoria, al lago del fuego sagrado «preparado para el demonio y sus ángeles».

En el nombre del Padre, del Hijo, del Espíritu Santo y de la Madre, amén.

---

* En la primera repetición de esta oración, nombra a las fuerzas invisibles detrás de la adicción. Luego repite la oración sin ese inserto.

11° paso Buscamos, a través de la oración y la meditación, mejorar nuestro contacto consciente con Dios como nosotros Lo concebíamos, pidiéndole solamente que nos dejase conocer su voluntad para con nosotros y diese la fortaleza para cumplirla.

El undécimo paso se resume con la palabra *Espiritual*. La oración y la meditación son componentes esenciales en la recuperación. Todas las adicciones son una enfermedad del alma; la oración y la meditación son la medicina. Tal como necesitamos agua y comida para alimentar nuestro cuerpo, también necesitamos la oración y la meditación para alimentar nuestro espíritu.

Al rezar, el hombre intercede ante Dios pidiendo ayuda. Al meditar, proporciona ayuda a Dios al crear la naturaleza de Dios dentro sus pensamientos y sentimientos.

La Oración de San Francisco ha sido un consuelo para muchas personas en recuperación. Esta oración trae una gran paz y cambia el enfoque. En vez de quedarnos enfocados en nuestros propios problemas y cargas, nos anima a pensar en los demás y en cómo ayudar cuando lo necesiten. Ofrece una visión de lo que la vida puede ser más allá de la adicción.

Oración de San Francisco

Señor,
> hazme un instrumento de tu paz.
> Donde haya odio, ponga yo amor;
> donde haya ofensa, perdón;
> donde haya duda, fe;
> donde haya desesperación, esperanza;
> donde haya tinieblas, luz
> y donde haya tristeza, alegría.

Oh Maestro Divino,
> no busque yo tanto
> ser consolado como consolar;
> ser comprendido como comprender;
> ser amado como amar.

Porque dando se recibe,
perdonando se es perdonado
y muriendo se resucita a la Vida eterna.

¿Qué es lo que muere? El Yo Real no muere. Es el yo inferior, el yo irreal, el enemigo interior, el que muere. Debemos estar dispuestos a dejar marchar al viejo yo negativo para que el Yo Real pueda nacer en nosotros. La Oración de San Francisco nos puede ayudar a renunciar cada día.

12° paso Habiendo obtenido un despertar espiritual como resultado de estos pasos, tratamos de llevar su mensaje a otros alcohólicos y de practicar estos principios en todos nuestros asuntos.

El *Servicio* es la clave de este último paso. Las victorias de los pasos anteriores se sellan compartiendo con los demás. Al servir a los demás te olvidas de tus preocupaciones y refuerzas tu sendero hacia la libertad. La alegría de vivir es el tema de los 12 Pasos y la mayor alegría muchas veces se encuentra en el servicio.

«YO SOY Luz» es el decreto de llama violeta preferido de Jenny. La primera vez que lo recitó sintió una inmediata respuesta y una sensación de consuelo y paz. «Aunque era una terapeuta con licencia y una asesora ayudando a los demás a salir de la adicción —me contó Jenny— no fue hasta que aprendí a invocar la llama violeta que comprendí realmente que esta herramienta espiritual había sido el eslabón perdido en mi vida.

»Aunque patrociné a mucha gente y prestaba servicio, eso no siempre calmaba el incesante anhelo interior. Encontrar la llama violeta y sentarme a hacerla fue la clave. Cuando usé la llama violeta descubrí que la constante ansiedad no podía permanecer dentro de mí.

»Al principio sentí un gran rechazo dentro de mí a usar la llama violeta. Los adictos y los alcohólicos muchas veces somos intranquilos y no nos gusta sentarnos y quedarnos quietos. Pero me dispuse a salir de lo que era normal para mí y hacer algunos sencillos decretos de llama violeta. Eso ha marcado toda la diferencia en mi vida».

El recorrido por los 12 Pasos es un viaje de la oscuridad a la luz. En el 12º Paso compartimos esa luz con los demás para ayudarlos en su viaje. El decreto «YO SOY Luz» es una hermosa forma de pensamiento para compartir la luz con todas las personas con las que nos encontremos.

YO SOY luz
de Kuthumi

YO SOY luz, candente luz,
luz radiante, luz intensificada.
Dios consume mis tinieblas,
transmutándolas en luz.

En este día YO SOY un foco del Sol Central.
A través de mí fluye un río cristalino,
una fuente viviente de luz
que jamás podrá ser cualificada
por pensamientos y sentimientos humanos.
YO SOY una avanzada de lo Divino.
Las tinieblas que me han usado son consumidas
por el poderoso río de Luz que YO SOY.

YO SOY, YO SOY, YO SOY luz;
yo vivo, yo vivo, yo vivo en la luz.
YO SOY la máxima dimensión de la luz;
YO SOY la más pura intención de la Luz.
YO SOY luz, luz, luz
inundando el mundo doquiera que voy,
bendiciendo, fortaleciendo e impartiendo
el designio del reino del cielo.

En este paso también podemos afirmar la meta de la vida, nuestra libertad final y definitiva, no solo de la adicción, sino de todas las cargas de la vida terrenal. Al recitar este decreto, ve cómo la luz blanca de la llama de la ascensión te envuelve.

Ascensión

YO SOY la Luz de la Ascensión,
fluye libre la victoria aquí,
todo lo Bueno ganado al fin
por toda la eternidad.

YO SOY Luz, desvanecido todo peso.
En el aire ahora me elevo;
con el pleno Poder de Dios en el cielo
mi canto de alabanza a todos expreso.

¡Salve! YO SOY el Cristo viviente,
un ser de amor por siempre.
¡Ascendido ahora con el Poder de Dios
YO SOY un sol resplandeciente!

La meta de la vida

Para mucha gente, la adicción es la lección más dura que afrontarán jamás. Muchas personas dicen que es tan duro porque tienen una incapacidad de ser rigurosamente honestos.

Ser honesto no significa condenarse a uno mismo por lo que se ha hecho. No tiene nada que ver con la culpa. Significa mirar a la vida de frente, lo bueno y lo malo. Esto es el principio esencial de los cambios físicos, de comportamiento, psicológicos y espirituales de los que se habla en el *Libro Azul* de Alcohólicos Anónimos, y que se puede realizar recorriendo los pasos.

Al haber hecho su propio viaje a través de la recuperación, Jenny Hunter ha ayudado a muchas personas a afrontar las adicciones de todo tipo. «Tenemos un dicho en A.A. —dice Jenny— "No disparamos a nuestros heridos". Es una frase simple, pero tiene un profundo significado. El proceso de recuperación comienza con reconocer nuestras heridas. Después aprendemos que estas se curarán solo si tenemos el valor de mirarlas, en vez de frotarlas con sal repetidamente al afirmar lo mal que nos sentimos».

Jenny afirma que todo comenzó con la mente. Algunas personas estiman que tenemos aproximadamente 60.000 pensamientos cada día. En los adictos y alcohólicos, la mayoría de esos pensamientos son negativos; de hecho, los adictos lo son a la negatividad y a los pensamientos negativos tanto como a lo que más. Jenny dice: «Todo lo que respecta a la adicción es negativo. No es posible ser adicto a ninguna sustancia sin los procesos mentales negativos correspondientes. En la recuperación aprendemos a sustituir el pensar negativamente con el hacerlo positivamente».

Al continuar el viaje de la recuperación descubrirás que cuando más te concentres en adónde te diriges y en qué quieres manifestar en tu vida, mejor te irá. En vez de afirmar continuamente qué mala es tu vida y tus circunstancias, concéntrate en los aspectos positivos que deseas manifestar. Afirma que esos aspectos *ya están apareciendo*. Jenny recuerda a sus clientes lo siguiente: «En ti solo veo grandeza». Al mantener esa visión de nosotros mismos, eso mismo será más real día tras día.

Ella les dice que utilicen los pasos en el orden en que los han recibido y que trabajen con un patrocinador que los comprenda y sea un buen ejemplo de alguien que los está viviendo.

«Aquellos de vosotros que lleváis en recuperación mucho tiempo —dice Jenny— sabéis que aún lucháis en vuestro interior todos los días. Hay una salida, y es sencillo. La llama violeta es parte de la solución. Si realmente estáis preparados para este viaje de descubrir lo que hay enterrado en vosotros, descubrir vuestro yo real y descartar aquello que ya no os sirve, podéis lograr una vida más allá de lo que podéis imaginaros».

Si realmente estáis preparados para este viaje de descubrir lo que hay enterrado en vosotros, descubrir vuestro yo real y descartar aquello que ya no os sirve, podéis lograr una vida más allá de lo que podéis imaginaros.

—JENNY

Novena parte

Quiero ser libre

Una nueva vida

Para muchas personas, uno de las dificultades más grandes a la hora de superar una adicción es la de construir una nueva vida. Muchos adictos tienen un grupo de amigos o un red social cuya conexión gira en torno a la adicción. Una vez que decides dejarla atrás, aun cuando ya hayas encontrado tu libertad inicial, ¿cómo será la vida ahora? ¿A quién podrás acudir si pierdes tu trabajo, si necesitas un sitio donde quedarte o si tienes alguna otra emergencia? ¿Y qué harás cada día después del trabajo o los fines de semana?

Los amigos y las relaciones sociales son una necesidad humana básica, todos tenemos la necesidad de conectarnos con otras personas con las que tengamos intereses comunes. ¿Qué harás cuando todos tus amigos se encuentren en la escena que tú quieres abandonar?

Esto supone una desafío, especialmente durante la recuperación alcohólica, porque actualmente este forma parte de la vida social de un porcentaje altísimo de gente. Ellos pueden permitirse beber con moderación en sociedad (o incluso excederse a veces), pero si eres un alcohólico en recuperación, es muy peligroso exponerte a una situación en la que existe la presión o la tentación de tomar «solo uno más». El problema ahora se está volviendo más difícil para quienes intentan superar la adicción a la marihuana, ya que el consumo recreativo de esa droga se está legalizando en más lugares y su consumo se está extendiendo más y se está aceptando más socialmente.

Para quienes se encuentran en las fases iniciales de la recuperación (o quienes en el pasado han tenido problemas con recaídas), una residencia de rehabilitación puede ser clave. Este tipo de instalaciones proporcionan un entorno seguro y estructurado, un fuerte apoyo de otras personas y muchas veces asesoramiento y otros servicios para facilitar la transición hacia una vida independiente.

Aparte de esto, uno de los servicios más importantes que proporcionan los grupos de Alcohólicos Anónimos y Narcóticos Anónimos es una red de gente con un interés común en vivir libres de la adicción. Algunos de estos grupos organizan actividades sociales para miembros al margen de las reuniones formales de recuperación, e incluso aquellos que no ofrecen eso pueden ser un punto de conexión para actividades sobrias en tu zona.

También hay muchos grupos que ofrecen actividades sociales y demás para quienes buscan tener un estilo de vida sobrio, como Phoenix Multisport. Otros son grupos formales o informales que proporcionan actividades sociales exentas de alcohol para las personas que quieran abstenerse o incluso quienes quieran participar ocasionalmente en eventos exentos de alcohol. Meetup.com ofrece una lista de cientos de grupos para las personas que quieran reunirse en eventos sociales exentos de drogas y alcohol y cientos de grupos más dedicados específicamente al apoyo y la recuperación. Muchos otros se pueden encontrar fácilmente realizando búsquedas en la red.

Quizá te preguntes cómo será la vida sin tu adicción, a qué dedicarás tu tiempo. A veces es simplemente una cuestión de fe, de hacer caso de tu intuición y aprovechar las oportunidades que Dios te envíe.

Patrones familiares

Uno de los desafíos más grandes en la recuperación de la adicción es que, una vez que estás libre de los efectos inmediatos de la droga, tendrás que volver a afrontar el dolor mental y emocional del que quisiste escapar con medios químicos.

Esto no será tarea fácil, si lo fuera, habrías encontrado una mejor manera de afrontarlo desde un principio. Sin embargo, con una mayor comprensión y una mejor estrategia, es posible trazar un nuevo rumbo y, en ese proceso, hallar una profunda curación y un crecimiento espiritual.

Una vía que han tomado muchas personas en recuperación es la observación de los patrones de adicción en su familia. Mucha gente que se ha tenido que enfrentar a la adicción ha tenido a uno de los padres o a ambos con problemas de alcohol y drogas, y se ha beneficiado mucho al trabajar con los conceptos presentados por escritores sobre el tema de los hijos de alcohólicos.

El libro de Janet Woititz, *Hijos adultos de alcohólicos (Adult Children of Alcoholics)*, fue el primero en exponer este tema al público. Sin ninguna promoción ni publicidad, se convirtió en un «bestseller» del diario *New York Times* en 1987 durante casi un año. Al leerlo, mucha gente sintió que por primera vez comprendieron su infancia y se comprendieron a sí mismos como adultos. Y regalaron ejemplares a todos los miembros de su familia queriendo compartir ideas.

La premisa central del libro es que los niños que se crían en una familia donde hay problemas de alcohol no aprenden lo mismo que otros. Desarrollan unas fuertes características positivas para sobrevivir a las crisis, pero no aprenden los patrones del día a día en que consiste llevar una vida normal y estable. Lo mismo ocurre con los niños que se crían en familias en las que la disfunción y el caos son provocados por otros factores que no son el alcohol, como los problemas de juegos de azar, los abusos sexuales, las drogas y las enfermedades mentales.

Si hay elementos de tu niñez de esa clase de caos e incertidumbre, sea cual sea la causa, es posible que el simple hecho de leer libros para hijos de alcohólicos pueda ser útil para tu curación. Al conseguir comprender más profundamente los patrones en tu vida y los elementos ausentes en el desarrollo de la personalidad, podrás lograr un grado de paz al respecto mediante la comprensión de su punto de origen. Al entender que no son defectos inherentes de tu alma, sino que son simplemente una función de tu entorno, sabrás que se pueden curar.

Desde que el innovador libro de Woititz fue publicado por primera vez, muchos otros han tratado de los mismos temas ampliando su exploración, y existen varios libros de trabajo que ofrecen ejercicios muy prácticos para desarrollar las habilidades relacionadas con el vivir diario que están ausentes. También hay muchos asesores que poseen una preparación específica para ayudar a hijos adultos de alcohólicos. El asesoramiento profesional es valioso especialmente para quienes han sufrido abusos sexuales durante la infancia, puesto que las heridas que deja en la psique son muy profundas. También existen muchos grupos de apoyo para que los supervivientes de tales experiencias puedan fortalecerse al ir recorriendo su viaje de curación juntos.

En la Biblia hay un dicho sobre los pecados de los padres que visitarán a sus hijos hasta la tercera y cuarta generación. En ninguna parte se encuentra esto más claro que en el caso del alcoholismo y los abusos sexuales, que muchas veces se extienden generaciones enteras en las familias.

Pero la Biblia también dice: «No recordaré más sus pecados». La curación es posible y el ciclo puede romperse. Las cargas kármicas pueden transmutarse con la llama violeta y se pueden crear nuevos patrones en la psique. Podemos liberarnos de las cargas de nuestro árbol genealógico.

La recreación del yo

Un elemento clave en el trabajo con la conciencia plena y la psicología es que las dos cosas están pensadas para traer elementos del subconsciente al consciente. Si no somos conscientes de ellos, podrán controlar una gran parte de nuestro comportamiento al ser arrojados al mar de las emociones sin tan siquiera saber cómo o por qué. Si nos volvemos conscientes de esos patrones, estos dejarán de tener poder sobre nosotros.

Los neurocientíficos están descubriendo el funcionamiento químico del cerebro que explica cómo funciona todo esto a nivel celular, pero no es necesario conocer todos estos detalles para experimentar lo que los santos y místicos han sabido desde hace miles de años: con una percepción consciente de lo que ocurre en nuestro interior, conseguimos la capacidad de elegir qué sendero tomaremos. Descubrimos que podemos crear nuevos patrones que reemplacen a los antiguos porque estos ya no nos sirven.

Esta recreación del yo puede ser un proceso difícil. No creamos a la persona que somos en un solo día y no podemos recrearnos a nosotros mismos en un día. Tendremos contratiempos. Pero si lo hacemos, es importante no considerar tales contratiempos como signos de un fracaso, sino como nuevas oportunidades para aprender. Observa qué ocurrió, los pensamientos y sentimientos que tuviste, y aprende de la experiencia.

Este proceso transformador de hallar la libertad puede acelerarse grandemente mediante una regular práctica espiritual, otra cosa que los místicos han sabido desde hace miles de años. Hemos tratado de técnicas espirituales con cierto detalle en la sexta parte. En la adicción, quizá lo más importante, al principio, sea el trabajo de protección y el liberarse a uno mismo de las entidades de la adicción, esas fuerzas astrales que pueden llegar a ejercer una influencia tan grande en el estado mental y emocional de uno mismo si se les permite permanecer.

La otra herramienta espiritual esencial es la utilización de la llama violeta para limpiar los registros de la adicción y curar el daño producido en los cuerpos sutiles y el cuerpo físico. La llama violeta también penetra en la mente subconsciente e inconsciente, transmutando los patrones e impulsos acumulados negativos, liberando enormes cantidades de energía que podrán fluir hacia patrones positivos que nosotros escojamos.

Más allá de los 12 Pasos

No hay duda de que millones de personas han superado sus adicciones a través de los programas de 12 Pasos. Pero hay algunas que buscan aún más. Quieren trascender la afirmación tradicional que la gente hace para presentarse en las reuniones de A.A.: «Soy alcohólico»; o bien: «Soy un alcohólico en recuperación».

Han pasado por el programa de 12 Pasos o algún otro medio para vencer su adicción y poseen una sólida base de abstinencia. Ahora buscan rehacerse a sí mismos, que su adicción o su yo anterior no definan quiénes son.

La gente dice: «No soy adicto y no soy mi adicción. Soy un valioso ser humano y tengo una misión y un propósito». Se aceptan a sí mismos como seres espirituales con un problema temporal. En términos espirituales, podríamos decir que se quieren identificar con su Yo Superior antes que con su adicción, y esta no forma parte del Yo Superior.

> *Debemos llegar a ser el niño perfecto de Dios, el hijo o la hija de Dios que siempre ha existido dentro de nosotros. He descubierto que, con la llama violeta, podemos hacer precisamente eso.*
> —JENNY

Este es un proceso de recreación de nuestros estados mentales y emocionales. Al transformar los contraproducentes patrones de viejos pensamientos y sentimientos, llegamos al punto en que podemos literalmente recrearnos a nosotros mismos a imagen de nuestro Yo Real, nuestro yo auténtico. Para ello la llama violeta es un elemento clave, puesto que puede disolver los impulsos acumulados del pasado. Pero también hemos de cambiar nosotros para no volver a crearlos, aunque solo sea porque esos impulsos suponen el único modo en que sabemos ser. Recrearse a uno mismo de esta forma no es fácil. Se lo ha comparado con la «gran obra de las eras». Exige trabajo y requiere una disponibilidad para meterse en las profundidades de uno mismo, una disponibilidad para sentir el dolor que fue suprimido en el pasado. Cuando surja de nuevo, el dolor parecerá abrumador al principio, la atracción hacia el pasado parecerá irresistible. En momentos así, la necesidad de encontrar una salida rápida puede estar muy cerca. A veces la distracción puede ser una buena estrategia: ver una película, ir a correr, algo con que dirigir la mente hacia otra parte.

Pero al final descubrirás que, si te quedas sentado con el sentimiento —permitiéndote sentirlo, observarlo, nombrarlo, describirlo, quizá escribir sobre él en tu diario—, la intensidad disminuirá. Descubrirás que eres algo más que ese sentimiento y saldrás de él. Descubrirás que tienes un poder en ti más grande que la adicción y que te estás convirtiendo más en tu Yo Real. Y los ángeles reforzarán ese poder y esa decisión cuando pidas su ayuda.

Pero aun cuando hayas resuelto la recreación del yo, ello no es señal de que la victoria esté asegurada ni que puedas bajar la guardia. El propio Jesús habló del peligro de permitir que las entidades regresen a la casa de uno después de que hayan sido echadas fuera.

Se hace necesaria la vigilancia y la protección espiritual siempre que vivamos en mundo en el que las fuerzas de la oscuridad detrás de la adicción sean tan prevalentes.

Otros dioses

El primero de los diez mandamientos dice: «No tendrás dioses ajenos delante de mí». Es fácil aceptar esto en principio. No hacemos sacrificios en altares paganos. Puede que hasta vayamos a la iglesia. Pero muchos de nosotros hemos creado sin querer nuestros propios «dioses» de formas más sutiles.

Se ha dicho que nuestro creador es un Dios celoso, lo cual significa que Dios quiere tenernos por completo. Él nos creó, creó incluso el cuerpo físico que tenemos, y en última instancia le pertenecemos. Tendremos muchas relaciones humanas en la vida, pero nuestra relación con Dios, nuestro Origen, debería ser la primordial. Quizá en un sentido más amplio, la adicción podría definirse como cualquier cosa que nos separe de nuestro amor por Dios.

Daniel y yo hablamos del hecho de que puedes ser adicto o estar obsesionado con cualquier cosa: trabajo, comida, sexo, televisión, una persona, un animal, un objeto o una cosa, una práctica o una costumbre. Si existe algo en tu vida que sea más importante para ti que tu relación con Dios, eso se convierte en tu «dios».

En ese sentido, todos podemos tener elementos de la adicción en varios grados. Puede que no tengamos la clase de adicción que nos impida vivir dentro de las normas de la vida y la sociedad. Incluso podremos tener mucho éxito en términos mundanales. Pero si vemos que tenemos costumbres e impulsos acumulados que de vez en cuando socavan nuestras metas más altas, lo que realmente queremos ser y hacer, eso nos separa de nuestro amor por Dios y por quienes nos rodean, incluso en formas pequeñas; entonces tenemos trabajo que hacer.

Las herramientas espirituales de este libro están presentadas en el contexto de las adicciones que son más evidentes y más dañinas en lo aparente, como las drogas, el alcohol y la pornografía. Pero tales herramientas también pueden ayudarnos a hallar la libertad de otras condiciones negativas sutiles, como la ira, el miedo o el orgullo. Cualquiera de esas cosas también puede ser un impedimento para nuestra libertad de cumplir nuestro destino y meta más grande en la vida.

Esa libertad suprema para recorrer el sendero espiritual, llámese como se llame, nos puede conducir de regreso al amor perfecto que una vez conocimos, cuando junto con nuestra llama gemela fuimos formados en ese punto de luz en el corazón de Dios.

La verdadera libertad

M e alegré de que Dios me hubiera colocado en el asiento al lado de Daniel en aquel vuelo y que los dos tuviéramos la oportunidad de contarnos tantas cosas. Me sentí agradecida de que él tuviera el valor de contarme cosas sobre él y que me permitiera hablarle de algunos de los conceptos de los que he tratado en este libro. Sé que esta historia refleja el camino de cualquiera de nosotros que se las haya visto con la adicción. Al desembarcar del avión y despedirnos al otro lado de la puerta. Le deseé lo mejor y recé para que los ángeles continuaran a su lado.

La historia de Daniel nos da la esperanza de que, independientemente de cuál sea el origen de la adicción, sin importar cuánto tiempo hayamos estado atrapados en ella, podemos vencer. Espero que este libro te haya dado profundas ideas sobre el mundo de la adicción y las claves para vencer.

Daniel me dijo: «Tengo lo que quería. Recé y Él envío ayuda. No se produjo en la forma en que yo lo esperaba, pero funcionó».

Quiero ser libre: la carencia es el ímpetu que impulsa todo lo demás. Daniel tenía lo que quería, un intenso deseo de ser libre.

Creo que todos tenemos ese impulso en nosotros. El alma de cada hombre, mujer y niño quiere ser libre. A veces otros deseos nublan el llamamiento del alma: una necesidad del exterior, un placer temporal, un deseo de evitar dolor o responsabilidad. A veces se trata simplemente de las energías agresivas de fuerzas invisibles.

Pero más allá de todo eso, tu alma quiere libertad, en todos los niveles de la existencia. Y yo creo plenamente que puedes obtenerla. Por favor, has de saber que mis oraciones te acompañan mientras encuentras el valor dentro de ti de buscar las verdadera libertad.

Décima parte

Siete claves para superar la adicción

Hacia el final de mi conversación con Daniel, cuando el avión comenzó su descenso hacia Salt Lake City, empecé a hacer una lista con algunas de las claves que estábamos descubriendo. También reflexioné en el hecho de haber visto a otras personas superar sus adicciones.

He aquí algunas claves, simples pero útiles, desde las trincheras.

1. *Trabaja con el problema en todos los niveles.*

Esencialmente, la adicción es un problema espiritual. Pero también tiene componentes mentales, emocionales y, con frecuencia, físicos. Para lograr la mayor eficacia, trabaja con el problema en todos esos niveles.

2. *Sé más inteligente que el yo irreal.*

Daniel me dijo que para volver a ordenar su vida, ya no podía tener una computadora ni utilizar Internet. Creía que su hábito estaba tan profundamente arraigado, que la tentación de transigir con sus deseos sería demasiado grande, y no merecía la pena correr el riesgo.

Vaya decisión que tomó en la Era de la Información. Pero Daniel se conocía; demostró tener una profunda comprensión y sentido común, y sabía que necesitaba hacerlo para conseguir la victoria.

Una decisión así no tiene por qué ser necesaria para todo aquel que esté afrontando la misma adicción. Pero de su ejemplo se puede aprender que uno ha de conocerse a sí mismo y conseguir cualquier estrategia que sea necesaria para ser más inteligente que la adicción.

Si tu adicción es algo que haces en privado, ponte en un lugar donde estés con otras personas cuando sientas la tentación. Si tienes un problema con el alcohol, no tengas alcohol en la casa. Conoce tus limitaciones y no esperes de ti mismo lo que sabes que no puedes dar. Ponte límites que sean seguros y que eviten que te veas en una situación en la que pudieras tomar una decisión de la que después te arrepentirás.

3. Pide ayuda a otras personas.

Daniel tenía la fortuna de tener buenos apoyos: una familia que lo amaba y que estuvo a su lado, y una comunidad que sabía rezar. Dejó que la gente supiera aquello con lo que estaba luchando y descubrió que muchos dieron un paso al frente para ayudarlo a atravesar las dificultades.

Pedir ayuda es un paso importante para seguir adelante y superar la adicción. Algunas personas no piden ayuda porque les preocupa que amigos y colegas los puedan rechazar o puedan mirarlos con desdén. Pero lo más frecuente es que la gente esté bien dispuesta a ayudar si tú eres sincero en tu deseo por superar la adicción. El beneficio que ofrece el apoyo de las almas que te aman no tiene precio.

4. Elige tus compañías.

Examina a tus amistades y las compañías que tienes. Pregúntate: «¿Mis amigos me ayudan o son un impedimento para el proceso de mi recuperación?». Si quieres retenerte, es hora de evaluar de nuevo las cosas y encontrar nuevas amistades, que puedan apoyar tu nueva forma de ser.

El Creador te ha dado libre albedrío. Lo que hagas con eso depende de ti. Tienes la libertad de evitar a gente, lugares y circunstancias que puedan contribuir a tus hábitos negativos.

5. Consigue ayuda profesional.

Muchos adictos en recuperación se han dado cuenta de que el asesoramiento de un psicólogo profesional, un grupo de apoyo o un programa de 12 Pasos puede ser esencial para superar la adicción.

Existen muchos programas y enfoques para el tratamiento. Algunas personas tienen éxito con los programas de 12 Pasos. A otras les va bien con los programas que se concentran en la conciencia plena. Encuentra uno que responda a tus necesidades y en el que tengas confianza. Pídele a tu Yo Superior y al maestro ascendido Kuthumi que te ayuden a encontrar el programa adecuado y a la gente adecuada que te pueda ayudar.

6. Sirve a los demás.

Uno de los patrones de la adicción es la concentración exclusiva en nuestros problemas. Son tan grandes que no vemos ninguna salida, y la adicción es un aplazamiento temporal.

Servir a los demás ayuda a obtener una perspectiva más objetiva y realista. Descubrimos que otras personas tienen problemas, tal como nosotros. También vemos que existe una salida.

El servicio a los demás también nos facilita un nuevo punto de enfoque en la vida. En vez de ser nuestra adicción el principio organizador central, podemos crear una nueva vida centrada en servir a los demás.

7. Sigue adelante.

Todos los adictos conocen los altibajos de la recuperación: ¡Ya soy libre! ¡Ya no lo soy! El viaje por la adicción y la recuperación con frecuencia es una montaña rusa de emociones: miedo y euforia, orgullo y vergüenza, esperanza y decepción, culpa y aceptación. El sentimiento de desesperanza puede ser abrumador, como el sentimiento que dice: «Nunca podré sobreponerme a esto. Nunca podré dominar mi vida».

A veces no hay nada como la persistencia testaruda. Daniel ciertamente la tenía. Pase lo que pase en tu vida, recuerda que la historia está llena de personas que superaron todas las adversidades. Por la gracia de Dios, tú puedes ser una de ellas.

Puedes hacer cualquier cosa con la ayuda de Dios.

No importa qué bajo caigas, sigue levantándote.

Puedes hacer cualquier cosa que quieras.

¡Dios en ti puede hacerlo!

Dónde conseguir ayuda

A continuación, se indican algunos recursos disponibles como ayuda para la superación de las adicciones. Muchos de los recursos se pueden encontrar en los Estados Unidos. Algunos, como A.A., tienen sucursales en todos los países. Los recursos que pueda haber en las respectivas zonas locales se podrán encontrar realizando una búsqueda en la red.

Programas para la adicción
Alcohólicos Anónimos
www.aa.org

Narcóticos Anónimos
www.na.org

Apostadores Anónimos
www.gamblersanonymous.org

Los programas de 12 Pasos para muchas otras adicciones se pueden encontrar realizando una búsqueda en la red.

Hijos Adultos de Alcohólicos
Un programa de 12 Pasos para las personas que se criaron en familias de alcohólicos, abusivas o disfuncionales.
www.adultchildren.org

Recursos y foros «online» para las personas que quieren superar la adicción a la pornografía.
www.yourbrainonporn.com

Base de datos nacional de instalaciones para el tratamiento de la salud del comportamiento mantenidas por la Substance Abuse and Mental Health Services Administration.
findtreatment.samhsa.gov

Directorio nacional de centros para el tratamiento de adicciones y grupos de apoyo (A.A., etc.)
www.addiction.com

Técnicas espirituales

Para conseguir más información sobre la ciencia de la Palabra hablada y otras técnicas espirituales para tratar con la adicción, contacta con The Summit Lighthouse.

www.SummitLighthouse.org

Dietética

Alimentación durante la recuperación.

www.nutritioninrecovery.com

Centro para la alimentación en la adicción.

www.centerforaddictionnutrition.com

Ejercicio

Phoenix Multisport

phoenixmultisport.org

Busca en Internet para encontrar clubs de deportes y ejercicio.

Yoga

Hay programas de yoga en todas las ciudades, muchos de ellos gratuitos. Existen muchos vídeos en Internet en los que se enseñan las posturas básicas. Busca en YouTube o dirígete a www.doyogawithme.com

Meditación y conciencia plena

www.addictionrecoveryguide.org/holistic/meditation_spirituality

Está disponible una aplicación gratuita con una técnica de meditación fácil de aprender para teléfonos Apple y Android de 1 Giant Mind.

www.1giantmind.org

Thomas y Beverley Bien, *Mindful Recovery: A Spiritual Path to Healing from Addiction (Un sendero espiritual para curarse de la adicción)* (New York: Wiley, 2002).

Darren Littlejohn, *The 12-Step Buddhist—Enhance Recovery from Any Addiction (El budista de 12 Pasos: mejora la recuperación de cualquier adicción)* (New York: Atria Books, 2009).

Notas

PRIMERA PARTE
Oración y ayuno. Mateo 17:21.

SEGUNDA PARTE
El 90 por ciento de las personas adictas a la nicotina. "Hechos y cifras sobre el tabaco" en https://betobaccofree.hhs.gov/about-tobacco/facts-figures/

Una de cada tres personas que se suicidan lo hacen bajo los efectos de las drogas o el alcohol. Carolyn C. Ross, "Suicide: One of Addiction's Hidden Risks" (El suicidio: uno de los riesgos ocultos de la adicción), blog *Psychology Today*, publicado el 20 de febrero de 2014. Psychologytoday.com

Fuentes y estadísticas sobre la adicción:
http://www.theguardian.com/news/datablog/interactive/2012/jul/02/drug-use-map-world
http://www.treatmentsolutions.com/worldwide-drug-statistics/
Rachel N. Lipari et al., "America's Need for and Receipt of Substance Use Treatment in 2015" (La necesidad que tiene Estados Unidos de una receta para el tratamiento del consumo de sustancias), *The CBHSQ Report*, 29 de septiembre de 2016.
https://www.samhsa.gov/data/sites/default/files/report_2716/ShortReport-2716.pdf
http://www.interceptinterventions.com/resources/facts-and-statistics-about-addiction/

3–4% de la población tiene un problema con los juegos de azar. National Council on Problem Gambling. http://www.ncpgambling.org/help-treatment/faq/

Sondeo del Kinsey Institute. Véase Kirsten Weir, "Is Pornography Addictive?" (¿Es adictiva la pornografía?), *Monitor on Psychology*, vol. 45, n.º 4, abril de 2014, pág. 46. En http://www.apa.org/monitor/2014/04/pornography.aspx. Accedido en 6.11.2016.

Aumento en la tasa de hombres jóvenes con problemas sexuales. Para un sondeo de estudios académicos sobre este tema, véase
http://www.yourbrainonporn.com/research-confirms-sharp-rise-youthful-ed

Su deseo exacerbado de alcohol. Carta de C. G. Jung a William G. Wilson, 30 de enero de 1961.

TERCERA PARTE
Si íbamos a vivir, teníamos que liberarnos de la ira. *Alcohólicos Anónimos: El relato de cómo muchos miles de hombres y mujeres se han recuperado del alcoholismo*, 3ᵉʳ ed. (New York: Alcoholics Anonymous World Services, 2008), cap. 5.

Las emociones acumuladas durante años. *Twelve Steps and Twelve Traditions (Doce pasos y doce tradiciones)* (New York: Harper, 1953), pág. 63.

Ahora descubro lo maravilloso que soy. Louise L. Hay, *You Can Heal Your Life (Puedes curar tu vida)* (Hay House, 1984), contracubierta, pág. 176.

Un componente genético en la adicción. National institute on Alcohol Abuse and Addiction, "A Family History of Alcoholism: Are You at Risk?" (Historia familiar de alcoholismo: ¿Estás en riesgo?) NIH Publicación n.º 03-5304 (2012).

QUINTA PARTE
Fuentes del material en la quinta parte:
Mark L. Prophet y Elizabeth Clare Prophet, *The Path to Immortality (El sendero*

hacia la inmortalidad) (Gardiner, Mont.: Summit University Press, 2006), capítulo 4, "Entidades".

Elizabeth Clare Prophet, "The Attack on Youth: Drugs, Alcohol, Nicotine and Sugar" (El ataque sobre los jóvenes: drogas, alcohol, nicotina y azúcar), parte A, 6 de octubre de 1977.

Saint Germain, "The Ancient Story of the Drug Conspiracy" (La antigua historia de la conspiración de las drogas), *Perlas de Sabiduría*, vol. 27, n° 32, 10 de junio de 1984.

Resistid al diablo. Santiago 4:7.

La permanencia de la marihuana en el cuerpo y el cerebro. Hardin B. Jones y Helen C. Jones, *Sensual Drugs: Deprivation and Rehabilitation of the Mind (Drogas sensuales: carencia y rehabilitación)* (Cambridge: Cambridge University Press, 1977), págs. 303–07.

El consumo de marihuana y la esquizofrenia. Para enlaces a estos estudios y muchos más, véase: http://www.schizophrenia.com/prevention/streetdrugs.html

"Pot Smoking in America" (Fumar marihuana en los Estados Unidos), *The Coming Revolution*, primavera de 1986.

Ángeles caídos en cuerpo físico. Véase Elizabeth Clare Prophet, *Fallen Angels and the Origins of Evil (Ángeles caídos y los orígenes del mal)* (Gardiner, Mont.: Summit University Press, 2000).

SEXTA PARTE

La luz que alumbra a todo hombre. John 1:9.

Ahora somos hijos de Dios. 1 Juan 3:2.

Saint Germain, "May You Pass Every Test" (Que paséis todas las pruebas), en Mark L. Prophet y Elizabeth Clare Prophet, *Lords of the Seven Rays, (Señores de los siete rayos)* 2° libro, capítulo 7.

El nombre de Dios. Éxodo 3:13–15.

Un fuego en derredor. Zacarías 2:5.

La transfiguración. Lucas 9:29.

SÉPTIMA PARTE

David Wiss sobre las deficiencias en los adictos. Jeanene Swanson, "Nutrition for Addicts: Healing the Body" (Nutrición para adictos: curar el cuerpo), publicado 8 de julio de 2014. https://www.addiction.com/3446/nutrition-for-addicts/

Normalmente vemos deficiencias de vitamina B. Ídem.

Victoria Abel, "Nourish the Addict's Body" (Alimenta el cuerpo del adicto), artículo del sitio web del Center for Addiction Nutrition. www.centerforaddictionnutrition.com

James Fell, "Exercise: Alternative Reward for Those Battling Addiction" (Ejercicio: recompensa alternativa para los que luchan contra la adicción), *Chicago Tribune*, 12 de junio de 2013. www.chicagotribune.com

Un quince por ciento en la reducción del consumo de drogas mediante el ejercicio. En este artículo, Fell informa sobre un estudio de 2011 de la Universidad Vanderbilt sobre los consumidores de marihuana. Después de tan solo unas pocas sesiones de 30 minutos corriendo en la cinta, los participantes reportaron una disminución muy grande en sus deseos y una disminución de más de un 50 por ciento en su consumo de drogas. Estas eran personas consideradas dependientes de la marihuana que ni siquiera querían dejarla; únicamente el ejercicio cambió su comportamiento. Fell tambien cita un estudio que muestra que el ejercicio redujo el consumo de muchas otras drogas, como la cocaína, las metanfetaminas, la nicotina y el alcohol.

Jennifer Matesa, "How Exercise Keeps You Sober" (Cómo el ejercicio te mantiene sobrio), 16 de enero de 2012. www.thefix.com

Stacie Stukin, "Yoga for Addiction Recovery" (Yoga para la recuperación de la adicción), *Yoga Journal*, 11 de octubre de 2012.

Beneficios del yoga. Una búsqueda de "yoga y adicción" producirá muchos artículos sobre los beneficios del yoga para las personas en recuperación.

Beneficios de la meditación al afrontar el estrés. Incluso los militares están estudiando los beneficios de la meditación. En un estudio, los investigadores observaron a dos grupos de Marines llevando a cabo una preparación para ser asignados en un despliegue. Un grupo se pasó dos horas a la semana, durante ocho semanas, practicando la meditación con conciencia plena, un segundo grupo no meditó. Quienes meditaron mostraron una mejora en el estado de ánimo y la memoria, y fueron capaces de permanecer alerta y llevar a cabo sus funciones de forma más eficaz en situaciones de combate de gran estrés. Véase Amishi P. Jha et al., "Examining the Protective Effects of Mindfulness Training on Working Memory Capacity and Affective Experience" (Examen de los efectos protectores del entrenamiento de conciencia plena sobre la capacidad de trabajo de la memoria y la experiencia afectiva), *Emotion*, vol. 10, n° 1, febrero de 2010, págs. 54–64. http://dx.doi.org/10.1037/a0018438

Si llevas un diario sobre la recaída. Thomas Beverley Bien, *Mindful Recovery: A Spiritual Path to Healing from Addiction (Recuperación con conciencia plena: un sendero espiritual hacia la curación de la adicción)* (New York: Wiley, 2002), pág. 81.

De vez en cuando. Ídem, pág. 85.

Tu diario es un amigo. Ídem, pág. 88.

Nos hacen falta formas de estar presentes en la vida. Ídem, pág. 91.

Vídeos de la naturaleza en las prisiones. Terrence McCoy, "The stunningly simple idea that could change solitary confinement as we know it" (La sencilla y sorprendente idea que podría cambiar el aislamiento en solitario tal como lo conocemos), *Washington Post*, 12 de octubre de 2015.

Los efectos curativos de la naturaleza. Frederick Reimers, "Nature Rx" (Receta médica de la naturaleza), *Outside*, noviembre de 2016, págs. 46–48.

Mía es la venganza. Romanos 12:19.

Stanton Peele, *Recover! An Empowering Program to Help You Stop Thinking Like an Addict and Reclaim Your Life (¡Recupérate! Programa fortalecedor para ayudarte a dejar de pensar como adicto y reclamar tu vida)* (Boston: Da Capo Press, 2015), pág. 15.

OCTAVA PARTE

Darren Littlejohn, *The 12-Step Buddhist—Enhance Recovery from Any Addiction (El budista de 12 Pasos: mejora la recuperación de cualquier adicción)* (New York: Atria Books, 2009), pág. xvi.

Oración del Tercer Paso. *Alcohólicos Anónimos*, cap. 5.

Oración del Séptimo Paso. Ídem, cap. 6.

NOVENA PARTE

Pecados de los padres. Éxodo 20:5, 34:7; Deuteronomio 5:9; Números 14:18.

Nunca más me acordaré de sus pecados. Hebreos 8:12.

El peligro de permitir que vuelvan las entidades. Mateo 12:42–44.

CPSIA information can be obtained
at www.ICGtesting.com
Printed in the USA
BVHW071705180621
609899BV00003B/350